一経済学史家の回想

田中真晴

未來社

一経済学史家の回想　目次

III

IV

I

1 『道徳感情論』における「やさしさ」と「つよさ」

この小文は、『道徳感情論』を読んで、人生論として感銘を受けたことについてであって、スミスの思想を正面から論じようというのではない。多くのひとにとって身近であると思われる経験をいとぐちにして『道徳感情論』のある面についての紹介と感想を述べてみたいと思うのである。

ひとにはいろいろのタイプがあるが、そのなかに、「やさしい」ひとというのがある。他人の境遇や立場に対して、ゆきとどいた理解をもつひと、思いやりのあるひとである。もちろん、真情にそぐわぬ同情の押しつけなどは、「やさしさ」とは異なる。控え目で、寡黙ではあっても、気のやさしさというものは、長いあいだには、おのずからわかるものである。やさしさ、思いやりがなくては、友人関係は続かない。「やさしい」ひとに対して、「つよい」ひとがいる。きびしいひとといってもよいが、他人に対してきびしく、おのれにはあまいのではなくて、自分が困難に面したばあいに、立派な態度をとり、見苦しいさまを見せないという意味で「つよい」ひとのことである。「やさしい」ひとは、かならずしも「つよい」ひととはかぎらない。感受性に富み、他人に親切なひとが、困難に面すると、よわいことがある。「つよい」ひとが「やさしい」とはかぎらない。「つよい」ひとがやさしくないようにみえるのは、自己自身に対してと同じく他人に対しても厳格な基準をもって律し、卑小なよわさに対して同情よりも軽蔑を感じるため、ということもある。しかし、それだけではなく、「やさしさ」に欠ける「つよい」ひとがいる。友人にはなれないひとである。けれども、困難に動じない「つよい」ひとは、見ていて安心だし、ともに事に当るばあいに頼りになる。それだけではない。自分が困難に面したとき、知友の「やさしさ」に支えられても、第一に必要なのは自分の「つよさ」である。——こんなことが心にあるときに、『道徳感情論』を読みかえした。実ははじめて通読したのである。

スミスは「やさしさ」と「つよさ」(スミスは「男らしさ」という)を「共感」(sympathy 同感と訳されることが多い)の構造から説明している。スミスは、人間は自愛的であることを認め、自愛にはそれ独自の意義を認めるが、人間には生来、他人の運命に心を動かされる共感の性質もそなわっているという。共感は同胞感情ともいいかえられる。共感は第一次的には、当事者(たとえば逆境にある)に対する観察者(たとえば友人)の感情の在りかたであって、観察者が想像において、当事者の境遇にわが身をおき、その身になってみることである。「やさしさ」が、当事者に対する観察者の理解にもとづく感情のこまやかさであることは、たやすく了解されるであろう。では、「つよさ」はどうか。「つよさ」とは、当事者のほうが観察者の立場になって自己を眺め、自己を制御する力量である、というのがスミスの考えである。この点、すこし説明しなければならない。

スミスは同胞感情（共感）を人間のあかしとするほどに尊ぶが、同時に、それが普通にはそれほどつよくはなく、また持続的でもないことをも認める。観察者が当事者の身になるといっても、「想像において」のことであって、現実の苦しみと想像上の苦しみとは、当然のことながら同じものではありえない。また、観察者が当事者によせる共感は、当事者が直面することがらにもよるが、観察者と当事者との親密の度合に応じて異なるのが自然である。友人からは、ただの知人からよりも大きな共感が期待できる。街頭での行きずりの見知らぬひとに対して、事情と心痛のほどを察してほしいというのは、無理なはなしである。スミスは、この自明といえば自明なことがらを重視する。そして、観察者に対しては、現実と想像とは同じではなく、根強い自愛が共感をさまたげやすいからこそ、「当事者の事情を自分のものと想定するように努めなければならない」という。それと同時に、当事者に対しては、「観察者の事情を自分のものと想定する」ことの必要をいう。当事者は、観察者が当事者と同じ感情をもちえないことをわきまえて、自己の情動を「観察者がついていける程度にまで引きさげる」ことを学ばねばならない。これは、当事者の観察者への共感による、感情の沈静化・冷却化であり、そのことを身につけたひとが、自制(self-command) に長じた「つよい」ひとである。そして、当事者のなかにはいりこもうとする観察者の努力と、観察者の眼で自己をととのえようとする当事者の努力との合成果として、いわば想像上における立場の相互交換の果実として、そして人間として望みうるかぎりの、そして人間としてそれで十分な共感が得られるのである。共感は、厳密には感情の同一性ではなくて、シンフォニーの意味に通じる感情の協和音的一致（concord）である。（わたくしが共感という訳語を採りたいと思うのはそのためである）（あるいは協感か……追記）

「やさしさ」が観察者→当事者にかかわり、「つよさ」が当事者→観察者に結びついているとすると、「やさしさ」と「つよさ」は相反的なのであろうか。スミスはそうではないという。もと、観察者といい当事者といっても、具体的には同一人があるときは当事者になり、あるときは観察者になるのであって、当事者であるとともに観察者である。だから「やさしさ」と「つよさ」がまったく無関係であるはずはないであろう。スミスは「他人の気持ちに対するわれわれの感受性は、自制の男らしさと両立しないどころではなく、男らしさの基礎をなす原理そのものである」という。他人の感情のあやがわかるひとこそ、自己の感情の動きについても敏感であり、それが自制の基礎をなすのである。感受性を欠いては自制はありえない。たとえば、死について感情を動かさないひとが、死を恐れないのは、自制のつよさではなくて、感情が死んでいるだけのことである。だから、スミスは原理的には、「やさしさ」を「つよさ」の基礎ないし前提としている。だが「やさしさ」と「つよさ」が、じっさいには、ひとりの人間のなかに幸せな結合をもっているとはかぎらず、また兼ねあわせにくい事情があることも、スミスの知るところであった。スミスによれば、「人間愛というやさしい徳目」を育成するのに適した境遇は、安楽と平静、おだやかな日ざしの日々であるのに対して、人間が「自制のきびしさ」を学ぶのは、困難、危険、悲運においてであり、「やさしさ」を育くむに適した境遇とは、まさに正反対のものであり、困難や悲運はだれしもすすんで求めるものではない。だから、やさしいひとが、自制のつよさを獲得しないことが、十分にありうるのである。スミスはこのように説明している。

スミスは、人間としての完全さの理想について語ると同時に、完全にはいたらぬものについても、達成の度合と諸相の意義を認め、人並みの人間に対して人並みならぬことは求めない思想家である。しかし人並みのことは要請する。だから、親切であるが、甘えを許さない。スミスが「やさしさ」と「つよさ」の最高度の兼備を理想としていることは、論をまたない。徳目（virtue）とは、「卓越」であり、通常の水準をはるかに越えて偉大で美しいものというのがスミスによる徳目の定義であって、二種の徳目とそれを兼備する理想人についてのスミスの言葉は、けんらんとして情熱的である。徳目の域に達する「やさしさ」は、「期待を越えた繊細さとやさしさによって、ひとを驚かすばかりの感受性にある。」徳目の域に達する「つよさ」は「人間本性のもっとも制御しにくい情念にたいする、目をみはらせるような支配力によって、ひとを驚かすばかりの自制」であり、それは「畏怖すべく、尊敬すべき徳目」といわれる。「もっとも完全な徳性をもっているひと」「われわれが自然にもっとも愛し尊敬するひと」は、それら二種の徳目を一身に兼ねそなえるひとである。

ここですこし説明をさしはさんでおきたい。スミスは右には「二種の徳目」とその兼備について語っているが、知られているように、第六版第六部の末尾の総括においては、徳目は、慎慮(prudence)、正義、慈愛(beneficence)の三種になっている。このちがいは、さきには、自愛(self-love)をひとまずさしおいて、共感の構造にそくして徳目を考察したことによると考えられる。そのあとで自愛が考察にはいってきて、自愛にもとづく、知力と自制の結合が「下級の慎慮」としてひとつの徳目の地位を与えられる。自愛を越えた「上級の慎慮」についても言及されるが、慎慮はことわりないかぎり、「下級の慎慮」を指している。正義(生命権、財産権、私的諸権利の不可侵)は、社会という建築物を支える主柱であり、それなしには社会が崩壊するもっとも重要なものであるが、徳目としては消極的であり、自愛心の暴走にわくを設定するものにすぎない。慈愛は自愛の対極であって、自愛にそむいても、他人の幸福につくす徳目である。共感における二種の徳目のほうから関係づけてゆくと、「やさしさ」が慈愛になり、「つよさ」は慎慮につながりをもつといえる。(ただし、共感の段階での「つよさ」は自愛にもとづくものではないから、自制の点で慎慮と共通するにすぎない。)

スミスは共感をさきに述べて、その後に自愛を考察している。しかし、人間が自愛的な存在であることは、共感の考察においても、絶えず注意しているのであって、人間は自愛の重力から離れがたいからこそ、二種の徳目は美しく尊いのである。それを獲得することは、普通の人間に望みうるところではない。普通人に期待されるのは、自愛の健全な育成と馴致――正義の法を犯さず、適宜性（propriety）から大きくは外れない良識と行為様式、健康、勤勉による財産、徳目としては慎慮――と、徳目にまではいたらないがある程度の共感的性質である。ここで気づくことは、他人に対する感受性は、人間のあかしとして欠くことができないものであり、原理的には自制の基礎であるにもかかわらず、スミスが自制の獲得のほうを重視し、強調していることである。なぜであろうか。つぎのことが考えられる。それは、感受性と自制とでは、その社会的性格に実はちがいが認められていることである。たしかにスミスは、さきに述べたように、感受性の育成に適当な境遇と不適当な境遇について語り、それが育成されるものであるとしているが、感受性の差異は根本的には、生来の素質のちがいに由来すると考えている。最小限度の感受性は人間のあかしとして、すべての人間に生来そなわっている。最小限度をどれほど上廻る感受性の素質をもつかは、個人によって異なる。感受性の育成に適・不適な境遇というのは、素質の開花に適・不適な境遇の意味である。スミスは、感受性については、素質の規定性を重視していた。実はここに、スミスが普通人に対して、人並み以上のことを要請しない根拠があるのであろう。それに対して、自制は素質の開花というよりも、他人との関係において、社会において、とりわけ困難・逆境・悲運によって、教えられ、学びとるものである。いかにもスミスは、自然（摂理としての自然）は、観察者には当事者の事情を自分のものと想定し、当事者には観察者の事情を自分のものと想定するように教える、と述べていた。感受性と自制はそれに関係づけられて、シンメトリーをなしている。しかし、このシンメトリーの両翼には重要なちがいがあって、感受性は先天規定的、自制は後天獲得的である。獲得されるものであるからこそ、とくに自制が力をこめて説かれるのだともいえよう。スミスは「自制という偉大な学校」において「人間は自分自身の主人になることを学ぶ」という。一定水準の自制は、人並みの人間が、人並みに社会において生きてゆくために、学びとらねばならない資質である。学びとらないものは、落伍するほかないのである。この点で自制は、自己自身のための資質であり、普通の水準を越える自制は、経験知にもとづく判断力と結合すると、慎慮の性格が形成される。徳目とは卓越であるから、徳目としての慎慮（「下級の慎慮」）も、並みの人間には期しがたいともいえるが、すくなくともそこへの道は、慈愛とは異なって、並みの人間にも開かれている。逆に、自制の獲得において、下方限界線に達しないならば「やさしさ」の素質はあっても、社会人としては失格であり、落伍を運命づけられる。スミスが並みの人間の上方限界、下方限界として考えていたのは、大体、このようなところであったと思われる。

以上、「やさしさ」と「つよさ」について、『道徳感情論』の論理をたどってみたのだが、こういうかたちでは『道徳感情論』の人生論としての印象は伝わらない。最後に、一足とびに、わたくしの感想を付記しておきたい。関心のあるひとは『道徳感情論』（米林富男訳『道徳感情論』上・下　未来社、水田洋訳『道徳感情論』筑摩書房、がある。米林訳は第六版の訳、水田訳は初版を基準にし、各版の異文を添えている）を読んで下さい。

スミス自身の人生観とスミスが学者としてとらえた人間像とは、同じではない。『諸国民の富』における人間が、人間像（それも主として経済人としての限定における）であって、スミスの人生観ではないことについては、異論あるまい。『道徳感情論』も、理論であるかぎり、道徳哲学者スミスがとらえた人間像が対象をなすのであって、スミスの人生観の告白ではない。しかし、テーマの性格からして、ここでは、人生観と人間像とが密接な関係をもち、人生観が人間像と不可分であったり、なまに表出されたり、人間像と交錯したりする。たとえば、足ることを知る心の平静さによってのみ幸福になりうるという人生観が、人間は「自己の境遇を改善したい欲望」から死ぬまで離れないものだという人間像と対照的である。『道徳感情論』は、同感の論理において等質的個人の相互関係から出立し、道徳判断の主体をそこから導出し（「胸中のひと」は、公平な観察者が内面化されるところに成り立つ。スミスは「胸中のひと」が現実の観察者によって警告される必要があることを指摘している）、自由競争を自然に適うものとする論構において、市民社会の理論である。（ただし、第六版で、労働貧民における徳目への道と財産への道の一致が、上流階層批判とあわせて説かれているけれども、『諸国民の富』とはちがって、資本主義的諸階級の区別はない。）市民社会の論構であるからには、そこに登場する人間は、市民社会的人間であるはずだ。たしかに、他のなにものにも頼ることなく、自己を管理して競争に耐えていける人間の資質として、自制（→慎慮）が重視されている点をみても、そのことは了解される。しかし、ストイシズムへの親近性をもち、「恒常不動のひと」をとくに尊敬し、柔弱・臆病・気の変りやすさ等をとくに忌むスミスの人生観は、古代の文献によって養われているところが大きい。そのようなスミスの人生観は、かれの描く人間像に対して、やはり一種の彩りを与えている。それは前近代的残滓ではなくて、古代市民的なるものによる近代市民的人間像の着色というべきであろう。「恒常不動のひと」の自制は、程度を低めると「労働貧民」の自制に通じるのである。

『道徳感情論』は、ホッブズの『リヴァイアサン』のような論理的緊密性をもっていないし、ルソーの『告白』『エミール』のように一気に読者をひきこむ書物でもない。冗長に感じられるところもある。スミスはルソーのような告白をしない。スミスは、嫉妬や憎悪などの人間性の暗黒面について立ち入った分析をしない。『道徳感情論』は、わたくしにとっての人生論としては、現代の感覚とのズレの大きさのために、かえって新鮮に感じられるところがある。（漢学のゆたかな素養をもち、明敏な観察力をそなえた明治人間の話を拝聴するのと、すこし似ているかも知れない。）〔一九七五年七月稿〕〔『如意』（出口勇蔵先生ゼミOB生会「如意倶楽部」の会誌）第六号〕

2　病気と「同感」

ほとんど治癒の望みのない病気の人を見舞うのは、実につらいものである。病人と見舞い人との世界のあいだには、どうしようもない距《へだ》たりがあって、言葉が空しい。

それほど致命的ではない自分の病気について、くどくどと話しつづけるのは、見苦しいものである。その病気を経験したことのない人間にとっては、実感のしようがない。会話がスムーズに成り立つのは、同病相憐れむばあいだけだろう。人間は弱いもので、自分もまたいつかその病気にかかるかも知れないし、また、病気にはそれぞれの特徴があっても、病気というものに共通な状態というものは存在するわけだから、実感というものには程遠くても、想像によって、ある程度の同情はできる。けれども、それはつよい度合いの感情ではない。相応の程度を超えて同情を求めるのは、みずからが傷つくことになる。

経済学の父として知られるアダム・スミスというひとは、人間のこころの機微に通じていた。かれは『国富論』よりも前に書いた『道徳感情論』という書物のなかで「同感」（シンパシー）

という概念を軸にして、右のことにも触れている。スミスによれば、人間というものは大体が自分中心のものなのだが、自分の利害関係にはかかわりなしに他人の運命にも心を動かす性質も備えている。だが、それは普通にはあまりつよいものではない。大きな悲しみのうちにある人に対して同情するにしても、もとよりそれは「想像上」でその人の身になってみるのであって、現実に立場が入れかわるわけではない。それにあのような不幸が自分におこらなくてよかった、というひそかな感情も伴いがちなのである。このことをよくわきまえて、不幸の当人は、他人が無理なしに「ついてきてくれる」ところまで自己の感情を冷やし、抑制しなければならないし、それができることが、他人に対する思いやりのふかさとともに、人間関係を美しくするのに必要だというのである。スミスは、他人にわかりにくいことのひとつとして病気の例もあげている。

〔月刊『健康』一九八〇年一一月号〕

3　競争の心得

わたくしは、当時第二衣笠小学校という名前だった大将軍校の第四回の卒業（昭和一三年）で、いまは二人の子供がこの学校にお世話になっている。小学生のころを振りかえってみると、家庭的にも先生についても恵まれていたのだが、案外苦々しい想い出が多い。病気がちで神経質で、しかし先生にも家庭でもいたわってもらっていたわたくしは、同級生たちから疎外されることもあった。他の子供たちがとくに意地悪であったのではないだろう。体力や気力においてついていけない子供が、仲間として歓迎されないのは自然でもある。わたくしの子供時代のような子供が毎年何人かはいるにちがいない。

子供は無邪気だといわれる。けれども他面、子供は子供なみに、そして陶冶されないむき出しのかたちで、嫉妬や残酷さを発揮することも事実である。子供の世界はせまいから、逃げ場がない。子供の競争心は案外つよい。競争心は進歩向上の原動力ではあるが、それは自分と他人を苦しめる鞭にもなる。子供の競争心を異常にかき立てるのは、いうまでもなく親の競争心であり、自分自身の人生に失望したところを、子供の将来によって満たそうとするところに、教育ママや教育パパができあがる。日本は、家計支出のなかで、ひろい意味の教育費の占める比率が世界一高い国である。そうした教育投資が良質の労働力を多量に供給することになり、日本経済の高度成長に一役買っているのだから、教育ママ・パパは高度成長に寄与しているわけだ。しかし経済の高度成長よりも大切なことは、ゆたかな心をもつ人間をつくること、無理のない生き方で人生を送りうるような社会をつくることである。もちろん、このことは社会制度にかかわる問題である。けれどもたんに制度が変れば問題が片付くわけのものでもない。わたくしは、公平な競争のない社会は腐敗すると思うし、競争は優勝劣敗のきびしさを要求するから、そのきびしさに耐える心身を養成しなければならない。他人に勝つということだけに心が集中すれば、救いがない。自分よりも他人がすぐれているならば、それを心よく認め、祝福するだけの心のひろさをもつことが、現代ではとくに大切であると思われる。そうした心が支配的になるならば、子供の心のひずみもとりのぞかれるだろう。ところがこれはたいへんむずかしいことなのである。

〔〈大将軍〉第二号（通巻一一七号）一九六七年一二月一五日〕

4　カントからスミスへ

――カント『実践理性批判』（岩波文庫）――

たぶん昭和一八年のことである。私の自宅は京都だが、寮生活がしたくて旧制三高の寮に住んでいた。今出川通を南西にくだって京大の本部キャンパスの東側に通じる道に面して、小さい貸本屋があった。三高から数分のところである。そこには三高生の欲しい書物が並べられていた。貸料は安いが保証金は高い。私たちはよくそこへ行って、保証金を犠牲にして書物を自分のものにした。貸本屋のオヤジも私たちが書物を返さぬことを承知している。書籍飢饉と物価統制令がうみ出した、戦争末期の小状況であり、保証金は書籍のヤミ価格であった。岩波文庫旧版のカント『実践理性批判』はそのようにして私の蔵書になったうちの一冊である。

私のカント憧憬の由来はあまりはっきりしていない。人格を目的とする思想に惹かれたことはたしかである。戦時下にあっても奔逸する寮生たちの青春についてゆけない虚弱な体質も、カント憧憬の一因であったかもしれない。とにかく、人生二十五年という実感のなかで、生の原理を求めるこころはつよかった。

さて、『実践理性批判』を読みはじめたが、難しいどころではない、まったくどうにもならない。すっかり気落ちした。結局、あらかじめ知っていた「汝の意志の格率が常に同時に普遍的立法の原理として妥当しうるように行為せよ」とか「わが上なる星の輝やく空とわが内なる道徳法則」とかの言葉が書いてあることを確かめたにすぎなかった。

短い軍隊生活ではあったが、カントでは生きられぬことを叩きこまれるには十分以上であった。しかし敗戦後、学生生活に復帰し、さらに研究者の卵になってからも、若干の期間、私のカント憧憬はつづいた。ウェーバーはその方法論が新カント派の認識論を基礎としている点で入りやすいだけでなく、カントの道徳的リゴリズムを認識に凝集したような趣きがあった。これに反してマルクスのほうが入りにくかった。

私が経済学や社会思想を歴史の相において理解する方法を身につけていった過程は、おそくて、かつ漸次的であった。だが、歴史の相において理解することに入りこんでゆくうちに、規範としてのカントは薄明のうちに消失していった。成熟というべきか、求道心のおとろえというべきか。貸本屋から入手した旧版『実践理性批判』は当時すでに傷んでいたが、バラバラになってしまっていまはない。手許にあるのは粗悪な紙質の昭和二三年改版本と篠田英雄による五六年の改訳本である。さきごろ、四〇年の時を隔てて読んでみた。懐旧の想いしきりに起きたが、かつての畏怖憧憬の念からは遠かった。定理や系の証明がよく理解できないのは昔と同じである。けれども、よく理解できないのは、純粋理性（実践理性はその実践的使用）なるものが神・霊魂（改訳ではこころ）の不死・自由と不可分なものとして前提されているからだと思った。「経験論はどんな狂信よりも危険である」という句にいたっては、到底ついて行けないと思った。

読みながら自然に対比の対象となってくるのは、数年前から親しいものになったスミスの『道徳感情論』であった。カントの倫理では、軍隊だけでなく日常的にも生きることが不可能である。カントを読みながら、スミスの普通の人間を中心とする無理のなさ、自然さ、経験論のよさを思った。

他方、カントが祖国のためにすすんで死ぬことは完全な道徳的義務かどうか疑わしいと書いているところなどは興味をひく。戦時下に切実に感じられねばならぬはずのこの個所をどうして読み過ごしていたのか、不思議であった。結局、私はすでに読んだ『啓蒙とは何か』『永遠の平和の為に』と同じく、『実践理性批判』をも、社会思想史のなかに繰りこんで読むようになっていた。

〔『経済セミナー』一九八三年五月号〕

5 河上肇の経済学史

河上肇は戦前の日本のひとつの否定的象徴ともいえる歴史的人物であり、かれの思想と学問と生き方とは、さまざまの領域について、またさまざまの視角から、論じられて然るべきものをもっている。ここに求められてしるすのは、かれの経済学史についての若干の紹介と筆者の断想である。

河上は一九一五年から二八年に辞職するまで、京都（帝国）大学の教授であったが、その間かれの担当講座は経済学史であった。しかしかれは元来、経済原論に関心をもっており、就任以前の経済学関係の論稿の主たるものは、原論であった。かれは『自叙伝』のなかで、経済原論を担当したかった心懐と、それでも数年ののちには先輩教授で原論講座担当者たる田島錦治と隔年交替で原論を講じうるにいたったいきさつを述べて「ともかく原論の講義で学校の仕事が間に合うようになり、講義と研究との一致をかち取ることができだした。私が熱心に『資本論』にかじりつくことができるようになったのは、恐らくそのお蔭であったであろう」（『自叙伝』㈠一四五頁）

と書いている。たしかに、経済学者としての河上は、経済原論の領域において、それもかれの原論がついに『資本論』解説という形をとるにいたった後期の段階の労作において、論じられ評価されることを本懐としたであろう。

しかしかれの経済学史はやはりそれ独自の興味ある問題をもっている。それはある意味ではかれの原論にはないものを提示している。かれが経済学史を講じていた右の時期は、かれの思想的展開のうえからいえば、『貧乏物語』（一九一七）以後、そしてひたすらなマルクス主義への投身の決意にいたる以前の中間に当っており、マルクス経済学に対する理解も『貧乏物語』のころにくらべればずっと進んでいたし、かれはマルクス主義を志向していたのである。かれは右の期間中、マルクス理論に関する研究論文を書きつづけてゆくとともに、スミス、マルサス、J・S・ミルその他についての学史の論文を数多く『経済論叢』に発表している。無類の健筆でジャーナリズムの花形であったにもかかわらず、世のタレント教授とは異なって、かれは「講義の準備に大半の時間を費し」「毎年ノートを書きあらためねば気がすまぬ」ひとであった。書物としてまとめられたのは『近世経済思想史論』（一九二〇）と『資本主義経済学の史的発展』（一九二三）である。

『思想史論』はスミスからリカードにいたる「資本主義経済学」とマルクスの「社会主義経済学」の概要をほぼ等分に述べ、前者から後者への移行を「総て思想なるものは、次第々々に発展するうちに、己れ自身の腹中に、己れ自身を打破って新たなる思想を生むべき萌芽をはらんでくるものである」（同書弘文堂版八八頁）という注目すべき言葉で橋渡ししており、理論理解において多くの不十分さや誤解がありはするが、構成の大筋はマルクス経済学の立場からの学史としてオーソドックスであるといえよう。さて『思想史論』の三年後に刊行された『史的発展』は、紙幅も倍加して六二五頁の大冊、河上の経済学史上の主著である。この書は『思想史論』とはちがってマルクス以前のところで筆をとどめマルクスは続篇で論じることを予告しているが、そのことは果たされず、マルクスは学史の対象としてでなく原論の内容として位置づけられてゆくこととなる。ところで『史的発展』は『思想史論』の前半部の拡充・詳細化にすぎないものではない。たしかに『思想史論』にありはしたが、そこではなにほどか抑制されていたところの「利己的活動の社会的効果」という問題視点がなにはばかることなく全篇をつらぬいていること、このことが『史的発展』の特色である。その問題視点の奥にあるものは、利己心の絶対的否定という、青年時代の回心的体験以来かれが内にもちつづけてきた宗教的倫理意識であった。かれは資本主義経済学の思想的根底を個人の利己主義的活動の是認として、資本主義批判の思想的根底をその非認として理解し、かくしてマンデヴィルからラスキンまでという型破りの経済学史を構成した。スミス、マルサス、リカード、J・S・ミルなどはそのなかで重要な地位を占めているが、経済理論の内部に立ちいることは比較的すくなく、経済学の根底たる思想への著者の注目は、ひとつには経済学者の思想の具体的叙述としての伝記へのつよい関心となって、それにあてられる紙幅をふくれあがらせ、ふたつには法学者や文学者をも叙述のなかにひきいれることによって、経済学史というよりは経済思想史というほうがふさわしい、あるいはむしろ社会思想史に近い性格をこの書に与えている。ともあれ、これは日本人が、外国の書物の飜案ではなく、自分の考えで書いた最初の「経済学史」であった。重商主義研究の草分けたる高橋誠一郎氏は、後年の重商主義経済学説研究の前身たる『経済学史研究』を河上の『思想史論』と同年に刊行しているが、孫引きならぬ原典研究という点で注目すべき氏の労作は、河上のそれとはおよそ対照的に、ひたすら対象の忠実な紹介をむねとし、没主観的・実証主義的である。

さて『史的発展』は、かつて河上に教えを受けた犀利なマルクス学者・櫛田民蔵から手きびしい批判を受けた。櫛田は『思想史論』に対してもマルクス学の立場から批評をよせていたが、今回は「社会主義は闇に面するか光に面するか」(『櫛田民蔵全集第一巻』所収)というかなり長文の書評を書いた。この一見奇異な題名は『史的発展』の末尾に河上が情熱をこめて引用したラスキンの「大胆に帷をかかげよ、光に面せ」Raise the veil boldly; face the light という句にかかわっている。櫛田の批判の中心は、河上は人道主義とマルクス主義とをひとしなみに見ている点があるが両者はまったく別物であること、経済学史は河上のばあいのように思想家の歴史であってはならず、史的唯物論を基準として、それぞれの「学説がその時代の階級意識のあらわれであり、また其の発展である」ことをあきらかにすべきであるというにあった。河上は当時すでにマルクス主義を採っているのであるから、櫛田の批判はたしかにマルクス主義者、河上の受容せざるをえないものをもっていた。かれは受容し、かつ自分を「真正のマルクス主義理論家」に鍛えなおすべく「旅の塵はらひもあへぬ我ながらまた新たなる旅に立つかな」の歌とともに、マルクス主義哲学の研究をはじめ、ついに獄舎へとつらなる一本道をひたすら歩んだのであった。経済学史の分野においては『史的発展』は価値論史を挿入するなど若干の改訂をほどこして『経済学大綱下篇』（一九二八）に収められたが、河上は意にみたぬものであることを序文でことわっている。なお、大学での河上の経済学史の最後の講義（一九二六―二七年）は『経済学批判』のかの史的唯物論の定式をくりかえしてたたみこみ、ボェーム・バヴェルクあたりまでの批判を内容としていたそうであるが、その講義ノートをもふくめて河上肇全集の刊行が待たれる。そのノートを見ずにいうのはおこがましくもあるが、その性格はほぼ推察できる。そこでは『史的発展』に発揮された河上の「地がね」「持ち味」「主観」がかげをひそめていることだけは間違いあるまい。

（註、その後、一九二六―二七年の河上肇の経済学史講義自筆ノートが、杉原四郎校訂、河上肇『経済学史講義ノート』（大月書店、一九七三年）として刊行されている。）

河上の時代からわが国の経済学史研究はもちろん大きく進歩している。わたくしはこの小稿を書くために『史的発展』を通読して、前記の面白さと同時に、時代のへだたり、いかにも過去のものという感慨をもたざるをえなかった。そのことは結局はこの書での河上の問題意識に対する距離感にもとづいているようだ。だが一歩すすめて、櫛田の河上批判そして河上が受容した線が、学史研究の十分条件をみたしていたかというとそれは疑問である。たしかにそれは『史的発展』には欠けている重要な条件を示すものではあった。しかし櫛田の主張は結局のところは、思想に対する内的理解ぬきの単純な反映論に帰着する性格をもっていると思う。そしてわが国の学界は、きわめてかたいイデオロギー的なものと剰余価値学史的理論史とを無媒介的に結びつける学史をかなり多量に生産してきた。だが、学史研究が原論のたんなる一補助である以上の意味をもちうるのは、すくなくともひとたびは歴史のなかへ沈潜し、歴史的な、ある意味では相対主義化する思考をくぐることを通してである。『史的発展』の欠点は、それが思想史的でありすぎたことにあったのではない。ほんとうは、思想の理解が単純にすぎていたこと、逆説的にいえば思想史的でなさすぎたことが弱さなのである。『史的発展』のスミス像は「アダム・スミス問題」を経過する以前の、現在からみれば二段階ほどふるいものである。西欧近代思想の部厚さを内在的に理解することは河上・櫛田以後の世代の仕事であった。それは暗い谷間の時代における歴史への逃避といわれる面をもっていたが、しかしたんにそれだけでは片付けられぬ内実をもっていた。たしかに、ある面ではあまりにも個別化し、細密化して、かえって学史の全体像が、そして学史と経済学的認識全体との関連がうしなわれる危険をはらんでいる現在において、河上の剛直な学史は、ある意味でふりかえられてよいであろう。しかしわれわれはそこから出直すことはできないし、単なる河上リヴァイヴァルはわれわれの学問がかれに負っている学恩に報いる所以でもない。

（一九六三年四月三〇日）

〔一七回河上祭の実行委員会から執筆を求められて。一七回河上祭は一九六三年六月七・八日〕

II

6　私の京大生時代

私は一九四四年十月に入学し一九四七年九月に卒業した。戦時中の特別処置で旧制高校が私の在学中に半年短縮されて九月卒業になったためである。大学の入試はなく、志望大学・学部を申請して高校の内申書類を提出するだけでよく、高校の同級生たちはすべて志望大学の学部に受入れられた。高校在学中に行われた学徒出陣のために同級生の年輩者たちが姿を消し約半数になっていた。

経済学部の一年次では、短縮授業で三カ月で一課目を終えてすぐ試験であった。戦後取り壊された旧い木造の教室での授業であった。そのあとは勤労動員で授業ができないことが予定されていた。講義の内容はほとんど覚えていない。印象として残っているのは、三高では戦時下にもかかわらず、曲りなりにも自由の気風を身につけていた先生が相当数おられたのに、京大経済学部の先生の講義には、そのようなもの、文化的雰囲気というようなものが感じられなかったことである。これは私が聴講したかぎりでの印象であって、短期のことでもあり、またすべての先生の講義を聴いたのではもちろんない。

私は戦争の最後の年に半年間、現役兵として軍隊生活を強いられた後、敗戦によって学生に復帰した。敗戦で大学はなくされるだろうと思っていたので、意外であった。一九四五年十月からの二年間はフルに講義があった。生活は困難であったが、人生二十五年と諦めていたのに無限定の余生の可能性を与えられ、旧体制が取りつぶされて、タブーが消失してゆくこの時期、精神的には素晴らしい学生時代であった。自治会の組織はまだ整っていなかったが、私も学生の委員にされた。学生運動を民青同盟が握るのはそのすこし後であって、学生運動はまだ主としてノン・ポリの集合であり、焦点は戦争の悪質な協力者の追放であった。学部教官の間では戦争責任の問題が教授総退陣に展開していた。私の知るかぎりで、総退陣に学生が組織的に動いた事実はない。私たち委員の多くは、戦争協力責任の問題と、教授たちの連帯辞職による三流学部への転落可能性の問題との板ばさみに困惑した。委員が手分けして教官たちの意見を聞きに行った。私は故佐波教授（当時助教授）のご自宅へ参上したところ、「学生は勉強に専心せよ、教官のなかにも辞表を一括提出しておきながら陰で策動している卑しいのがいる。君たちは勉強していればそれでよいのだ」と一喝された。いまではむしろすがすがしい想い出である。

二年次のゼミは割当てで静田均教授のゼミ所属になった。テーマは各自自由にということで私はJ・S・ミルの社会思想としたが、われながら平凡な報告しかできなかった。先生は学部全教官の辞表の処理を託された若い学部長で疲労困憊しておられた。先生は三年次における私に適したゼミとして、総退陣後に迎えられた岸本誠二郎教授を奨められ、私はそれに従った。岸本ゼミのテーマは価値論で、そのテーマ内において自由であり、みな労働価値論を選んだが、私は限界効用価値論にした。先生は F. Wieser, *Der natürliche Werth*, 1889. を私に貸して、これを読んで報告を書くように、と指示された。実は邦訳も存在していたのだが、それを知らなかったので頑張って完読し、生産物価値の生産諸要素への帰属理論を中心にしてリポートを書いて提出した。先生にほめられたが、そのリポートは紛失した。

右の正規所属のゼミとは別に、私は出口勇蔵先生（当時、講師・助教授）に親しくしていただいた。ドイツ語経済書講読で接したのが始まりであるが、私の聴講した経済学部教官のうちで、教養人的なもの、三高時代とのつながりの感じられる先生であり、当時のご自宅が私の家から近かったからでもある。私は先生にお願いして、先生のゼミにも参加させていただいた。三年次は J. S. Mill, *A System of Logic*. 1843, Bk. VI. 四年次は M. Weber, "Die 'Objektivität' sozialwissenschaftlicher u. sozialpolitischer Erkenntnis" 1904. がテキストであった。別にご自宅で週一回の講読会があり、故行沢健三、平井俊彦、故山口和男の諸君と私がメンバーであった。テキストははじめアリストテレスの『アニマ』を英訳または独訳で読み了え、ついで『資本論』を原文で読んでいる途中で先生のご病気のため中絶、私たちに他の人も加わって、ともかく第一巻だけは原文で読み終えた。そのころには私は院生になっていた。想えば当時の先生にはよくしていただいたものである。
私が三年次のとき、学生の勉強奨励のために懸賞論文が募られた。私は「資本主義の将来」というのを提出し、入賞して発表・討論会があった。その原稿は手許にある。読みかえしてみると全く恥ずかしいものであった。

〔『人が語る経済学部の七十年』（京大経済学部、一九八九年五月）〕

7　福地山移転問題とアメリカ観

わたしが京大を離れたのは、昭和四九（一九七四）年のことで、今ではすでに二五年が過ぎたが、思い出は沢山ある。そのなかで、あまり知られていない内幕めいたことを話すことができるのは「総退陣」か、福知山移転問題か、あるいは学園紛争のことなどである。ここでは福知山移転問題について少し述べてみよう。そしてそれとの関連で、わたしもコミットした研究にまつわるエピソードを語ろう。

戦争が終わって、わたしが二年生になった時であるが、学生として聴いた話に福知山移転問題というのがある。学部長は蜷川先生であった。「今回の戦争は帝国主義戦争である。ということは、負けたら一切を失うということで、君等の土地や家などがすべてなくなる。当分は自給自足生活をしなければならない。ところが、経済学部には今、案がある。晴耕雨読ということになるが、福知山に土地を手配した。芋を作り、同時に学ぶ。こういう体制に移行する」。こういう話であった。このような話の根底にあったのは、占領軍は、容赦なく日本からすべてを巻き上げるであろうというアメリカ観である。

わたし自身も戦争が終わったら、大学はなくなるかもしれないし、たぶん今のような大学は潰されるであろうと思っていた。研究者の道に進みたいが、これではまったく不可能と思わざるをえなかった。

ところが、戦後一年経ち、二年経っても、アメリカには、予想されたような領土的財産的な収奪欲が全然ないことに、まず驚いた。進駐軍が来たときには暴行事件は少しはあったが、全体としてアメリカ兵は紳士的であり、日本が勝った時にどうなるかということを考えれば、文明度の差とでもいうべきものをいやというほど思い知らされた。

にもかかわらず、教育のせいかもしれないが、わたしたちはアメリカ文明は浅薄だと思っていた。アメリカへ留学したり、アメリカ人と付き合っている人間を軽蔑し、イギリス、フランス、ドイツなどに惹かれていた。ながく欧州指向だった。けれども、アメリカにたいする偏見は、しだいに事実によって解けていった。

それでも、終戦後の数年間は、たとえ個々には許せないことがあっても、社会主義の方が資本主義より進んだ社会組織だと信じていた。当時、ロシア研究、というよりソ連研究は、一種のブームであった。わたしもロシア語を勉強し、ロシアの帝政時代の経済思想史の研究にその後一〇年余り打ち込むことになった。

ところで、その間、ロシア語の雑誌とアメリカでのロシア研究の雑誌を読み比べてみると、格段の差があって、レーニン、スターリンしか言わないロシアの雑誌に比べて、アメリカの雑誌は質が高かった。一部には、冷戦の影響もあって、アメリカにおけるロシア研究には膨大な予算が配分されていたということもあるが、ともかく『スラヴィック・レヴュー』に載る論文はどうみても粒揃いだった。そういうことがあるのでマル経のなかでソ連を一番先に見限ったのは、ソ連（ロシア）研究者であったと思う。

しかし、当時は、ソ連の崩壊を予言する人はなかった。そんな風なドラマが待ち受けているとはまったく分からなかったのである。

それはやはりイデオロギーが視野を制約し、視力を曇らせていたということに他ならない。実際、イデオロギーの恐ろしさとでもいうべきだろうが、例えば、シベリア抑留についても、マル経の先生たちは比較的無感覚であって、社会主義建設途上のやむをえざる悪である、抑留された日本人の労働は社会主義建設に役立っているのだという見解をとっていた。抑留問題を正面から悪として取り上げたのは保守派の思想家であった。

ソ連に対する疑問が個々にあったとしても、さらにアメリカにはそれにまさる不信があった。それはベトナム戦争における非道な振る舞いであった。アメリカ帝国主義の非道が、ソ連の崩壊を見えなくしていたのだった。

〔『京都大学経済学部八十年史』一九九九年一〇月一日〕

8 辞任の弁と現在

私がこの集に名を列ねていることに対する弁明からはじめねばならない。京都大学経済学部の旧同僚の同年輩者たちは、まだ現役教授である。私が京大を辞したのは一九七四年三月、大学紛争の最中、とくに竹本助手の処分問題が評議会に上程されたが進行せず、経済学部だけでなく全学的に嵐のなかにあるときであった。私はその前年に評議員に選ばれ、重い責任を果たすべく自分としては力をつくしたのであったが、脆くも挫折した。とりわけ同僚たちは講義を継続しえているのに、竹本処分反対派運動のターゲットのひとりとなった私は大学構内に立入れない状態が数ヵ月続き、それがいつ終るか見当がつかなくなって、鬱も進行した。自滅の危機感が深まり、京大を離れることを決心して、七三年の秋に学部長に辞表を提出した。それにはつぎのような事情もあった。私は助教授時代に自分の研究テーマとしていたこととはかなり異質な経済原論講座の教授に任ぜられ（それを受諾したのは当時の私の自己過信に罪がある）、経済原論の勉強に懸命になってから二年足らずで大学紛争が始まり、紛争の渦中で一年間の在学研究を与えられたものの、帰国後はもう勉強に打込める条件が失われていた。私は担当講座の分野で研究業績をあげていず、ついに責任を果たしえないであろうという予感に悩んだ。辞表がとりあげられた教授会で私はそのことを述べて了解を求めた。

大学紛争では多くの教官が耐えがたい年月を耐え、京大をともかくも守ったのだし、私よりももっと辛い体験をした方々もすくなくないであろう。それらの方々からみれば、私は弱い逃亡者であろう。経済学部は私の辞職について厚意を示してくれた。私の考えと状態をよく分かって下さった他学部をふくめての先輩・友人の存在は有難かった。私は任官が早かったので名誉教授資格に足りていたから、私が申出たときに取計らうことを教授会議事録にとどめたと、私に伝えられた。しかし称号を貰うことなど、当時の私にはとても考えられないことであった。

私は京大を去って甲南大学に職をえてからも、しばらくの期間は心身の衰弱が続いた。しかし、自分の資質に合う経済思想史に還り、自分が心底では納得していない思想の残滓を洗いおとしてゆく緩慢な歩みをたどった後に、研究者としての甦りを感じることができた。一九世紀末のイギリスを中心とする経済思想史に焦点が定まってくると、京大の豊富な蔵書に頼らねばならない。経済学部の図書は離職後も便宜を計っていただいているが、他学部とくに附属図書館については、離職後に大学院非常勤講師に招かれた年以外は京大卒業生としての利用資格しかなく、附属図書館所蔵の一九世紀の雑誌の書庫内閲覧ができない。旧同僚の知友の勧めもあって同年齢者の定年よりも三年はやく、称号を頂戴したのはそのためである。しかし称号が身にそぐわない気持はつよい。名誉教授の会には当分欠席する。

京大を離れて時間が経つと、師友に対する謝意と懐かしさが深まってくる。苦い思いを交えぬわけではないけれども、自分が育てられ、長く勤めた場との結びつきは浅くない。よい学生たちがいた。私の最初のゼミ生であったT君は、家庭の事情で院に進まずに就職し、いまは会社の重役だが、私の論文を読んでくれている。彼は「英語と経済学の勉強のためにやりました」という言葉を添えて、私の論文の英訳稿を送ってきて私を驚かせた。その内容を読んで、引用典拠を参照していることと立派な英文であることに感心した。彼が英訳稿をつくってくれた「貨幣生成の論理」は私の書きもののなかでは論理の網が細かく、難解であるのに。その英訳稿はすこし手入れして、いま印刷中である。私の演習生には院に進んで研究者になった人が割合多い。その多くはすでに立派な研究をまとめたか、あるいはその直前である。京大在職中に始めた「方法論研究会」には旧ゼミ生でない人も加わって、私は若い研究者たちから刺激を受けて勉強している。

〔『京大史記』京都大学一九八八年八月所載〕

9　回顧　大学紛争

今は昔、一九六八年に日大と東大ではじまり、六九年から七〇年にかけて全国の大学を捲きこんで荒れ、京大などではその後数年間も続いた大学紛争（又の名は学園紛争）については、多くのひとが語りたがらない。当局側の教官・教員にとっては、教え子（というのはちょっと照れくさい表現だが）たる学生に叛かれ、「確認書」や団交で屈辱をなめさせられ、脅かされ、逃げまわった。権力による弾圧に対して学問の自由のために断乎闘うというような闘い甲斐のある話とはまるで違う。できるものなら忘れたい事件であるし、全共闘だった学生たちにしても、青春の懐しい想出であるかも知れないが、秩序が回復した現在、空しさが伴うであろう。自分たちの全行動の正義と合理性を人に説得することは至難の業であろう。

実際、今は昔である。当時、恥ずかしい振舞をした当局側の人たちは素知らぬ顔をしているし、全共闘の大学解体を支持した造反教官・教員は、頽廃してそのなかでは生きられぬはずの大学に多くは居残って、名誉教授になってしまった。全共闘のリーダーのうちの秀才たちは、解体すべきはずの大学の教授になってしまった。たしかに、今でも自分はすこしも間違っていなかったと書きつづけている造反教員がすくなくとも一人はいるけれども。また元全共闘の過去と現在を語った書物も出てはいる。しかし大方の趨勢は右のごとくであろう。かく言う私も、紛争のはじめには学生に同情をもつところがあったが、すぐに到底ついてゆけない性質のものであることが判り、当局側の立場に立ち、追求を受けて傷ついたひとりである。

大局的にみて大学紛争の意味はどういうことであったのか。

それは一九六〇年の反安保闘争がひろく労組、市民、学生の広汎な層に支えられ、全面講和のための、後からみれば空想的ではあったが、日本の行方を左右する大きな政治運動であったのに対して、大学紛争はそれ自体、大学内部の争乱であって、全社会的な意義を担わなかった。ここで挿しはさんで注意したいのだが、全面講和論を嘲る人たちは、安保条約が沖縄を中心とする基地問題の重荷を忘れがちであり、また、日本の政治のアメリカ従属、主権国家とは言い難いような惨めさに無神経である。

大学紛争の独自性は、それまで、反政府、反アメリカ帝国主義を旗印しに、主として大学の外の権力に向っていた学生運動が、「聖地」とされてきた大学自体に批判の刃を向けたことである。

たしかに大学側に突かれれば痛い欠陥や過ちがあった。日大その他私学には会計の不正や曖昧さがあった。東大は医局のもめごとで、その場に居らず郷里に帰っていたものまで誤って処分し、大紛争の火種をつくった。一体、学生に対する処分規定は、それまで大変厳重であった。ストライキ（授業ボイコット）は学生の本分に悖るとして禁止されており、それに違反すると学生大会におけるストライキの提案者、自治会委員長や自治会幹部は放学や停学の重い処分を受けた。一九五五年の京大の滝川総長に対する「暴行」事件は、総長の学生告発から裁判になり、滝川証言は採用されなかったが、やや玉虫色の判決が出た。その前後の全学スト決議など一連の出来ごとに対する学生処分は厳しかった。大学紛争で事情が一変した。

一旦、大学側に誤ちがあったことが認められ、処分の一部取消しが行われると、それだけでは済まなくなった。あれも悪い、これもケシカランということになってきた。東大文学部では文学部学生の処分撤回を求め、学部長を監禁した。学部長はつよい人で再審議を拒否し通した。何日も監禁が続き、文学部教官たちは「学部長を返せ」というシュプレッヒ・コールを行った。学生はそれをあざ笑った。

大学紛争は世界的な現象でもあった。フランスでもイギリスでもアメリカでも起きた。この世界的な同時現象を説明することは私にはできない。大学制度はどこでも似ており、大学が急速に拡大し、先生も学生も昔風のエリートではなくなったこと、学生の鬱屈—とくに左翼学生のそれが爆発したのではないか、というくらいのことしか言えない。国際的伝染性をもっていたことは確かである。パリのカルティエ・ラタンの学生叛乱が熱意をこめて語られていた。

大学に対する批判をラジカルに押しつめてゆくと、国立大学は文部省が設置者であり、日本資本主義＝帝国主義者の養成所であった。現存大学は解体されねばならぬ。さらに突きつめればそのなかにいるわれわれ自身も「自己否定」しなければならないという理想主義も産み出された。一貫した精神論ではある。もし、現存秩序（市場経済と議会制ないし大統領制民主主義）を打壊して、理想の（社会主義）社会が現実化しうるものであるとしたら、その理想主義は間違っていないことになろう。「自己否定」して、苦しむ人民のなかへ（「ヴ・ナロード」）入ってゆけばよい。しかし、大学のそとでは社会は静かで、人民の怨嗟の呻きは聞こえてこない。

大学紛争は強い伝染力をもっていた。京大の非日共系のリーダーのひとりが、「東大ではえらいことをしている。われわれもそれに負けてはいられない」と語るのを直接聞いた。京大では一九六八年に医学部で紛争が起きていたが、大規模になったのは六九年からである。寮規則が学生自治を認めていない。撤回せよ。という張り紙が出ると間もなく、要求が受容れられなかったとして、練瓦建二階の学生部の建物を占拠して立籠った。たいへん唐突であった。一般学生の支持もなくかれらは孤立した。大学側は、封鎖を即刻解け、と何回か呼びかけたが空しかった。一夜、民青（日本共産党系の民主主義青年同盟）主導に一般学生（党派色のない学生）の一部も加わって、一般学生の名で実力解除の行動に出て、明け方に実力解除に成功した。大学側は解除派にホースなどの用具を提供した。連れ出された占拠学生（共闘派）は、疲れ切って捕虜か囚人のような恰好で連れ出され、時計台の大教室に入った。そこには総長と学生部長が居た。学生部長は学生を労ってお茶を配ったりした。総長は訓辞するつもりであったと思われる。ところがにわかに事態が一変して、占拠派学生たちは元気をとりもどし、総長と学生部長を取り囲んで、「学生は民青と新左翼に分かれて対立している。大学が民青に用具を提供して、封鎖の実力解除に手を貸した責任を問う」と詰め寄った。私は心配で昨夜からずっと一連の出来事を見ていたが、疲れて帰宅した。以上のことは一九六九年一月の出来ごとである。封鎖の実力解除と一般学生の名を借りた民青のやり方と大学の用具提供が新左翼（占拠派・共闘派）の息を吹きかえさせ、一般学生のうちにシンパを獲得させた。叙述が前後するが、学生部封鎖がまだ続いていたころ、学外者の集団が「封鎖支援」を叫んで大学の本部構内を取り巻き、構内に進入しようとしたことがあった。大学当局は「自主防衛」に出て、ヘルメットを配り、工学部を中心として、研究施設の破壊を恐れた教員・学生たちが大学から配られたヘルメットを被り、大学をとりまくものたちと投石合戦になった。私も本部構内にいて、投石こそしなかったが大学の「自主防衛」を心情的に支持していた。学外者に乱暴されてはたまらないと思った。学外の集団は本部の南側にある教養部に入った。大学が配ったヘルメットが黄色であったことから、民青との一体化を言われた。民青の印の色は黄色だったからである。また、教養部の教員や学生たちからは、「大学の自主防衛」というが、教養部は防衛されなかった。本部構内だけが大学か、という批判も出てきた。しかし大勢としては「自主防衛」はやむをえないこととして、支持されたように記憶する。しかし前述の封鎖の実力解除によって「自主防衛」も同一体質として批判され出した。教養部に結集した新左翼指導の集団（学外者も混じってはいたようだ。主体は京大生）は、二月一四日の夜、「バレンタインデー、大学に愛を告ぐ」と称して本部の時計台大教室に居た民青集団を襲撃して、ゲバ棒と火焰びんと放水での「夜戦」を朝まで繰り返した。負傷者は数多く出たが、よく死者が出なかったと思う。翌日、登校したら研究室も荒らされ、机や棚がバリケードに使われていた。もはや泥沼状態である。さすがに大学当局ももはや「理性の府」とは掲示に書かなくなった。学生処分を行う力は喪失された。バレンタインデーほどの大規模な事件はその後起きなかったが、不安定な状態と小ぜりあいは続いた。

そうしたなかで京大の紛争をさらに紛糾させ、長期化させたのは、T助手事件である。一九七七年一月、経済学部のT助手に対して、「朝霞の自衛官殺害事件に関連する強盗未遂」容疑で逮捕状が出て全国指名手配された。それを察知したT助手は直前に地下に潜んでしまい、行方不明になった。一九七二年一月九日であった。大変である。まったく予想外の出来事である。当時替ったばかりの学部長はT助手の給与支払を保留するという処置をとった。ところが給与の保留は給与規定に違反することが判った。このため学生たちから責められた。学部長は心労で執務不能となり、新しい学部長に交替した。新学部長は、早期処分上申論（評議会への上申、評議会が審査決定機関）を押えて、T助手の給料支払いを続けた。いま処分上申をすれば、学内情勢からしてどんな騒ぎになるかは目に見えていた。文部省からは本部事務局を通して、T助手は出勤しているか、と度々経済学部に照会してきた。学部長は目下調査中と答えた。出勤か欠勤かが処分問題の核心であった。民青は「民主主義の破壊者Tを追放せよ」と叫んだが、思想問題をもちこむことはもちろん不可である。学部長は夏までT助手の給料を支払いつづけ、情況の変化を期待したが変化はなく、いつまでも給与支払を続けることは到底許されなかった。経済学部教授会は十月一日以降T助手は「無断欠勤」と認定し、三ヶ月を経て事情に変化ないことをみて、一九七三年一月一二日、経済学部長はT助手を「国家公務員法第七八条第三号」により免職することを総長に上申した。これは分限処分で懲戒処分よりも軽く、退職金を支払われる。この上申は経済学部教授会の全員一致で決定された。法規定の適用について関連法規の精細な検討が行政法の専門家のアドヴァイスを得て行われていた。免職の理由は行方不明による長期の無断欠勤である。

総長は上申を待ち望んでいてすぐに評議会にそれをかけた。決定機関は評議会である。T助手処分が評議会にかけられると、学内の反対が予想通り燃えあがった。「京都大学教官有志」は、「処分に断乎反対する」声明を出した。評議員（学部を含めて各学部三名）は学生につかまって、「確認書」をとられるし、評議会は学内では開けず、学外の某所で開いて警察の手配を頼むという有様。評議会の議は遅々として進まなかった。経済学部教授会は学生自治会から「団交」を申しこまれたが、拒否した。その代りに、学部（教授会・教官協議会）として「T助手の処分問題について疑問に答える」という文書を出して全学に訴えることが決った。私個人のことにわたるが、当時私はたまたま評議員であり、その文書の素案の起草を学部教授会で依頼された。

断って断りきれないことはなかったであろうが、学部の危機に際して誰もが嫌がる仕事を断るのは自尊心が許さなかった。しかし持続的な体力や気力について私は自分を見誤っていた。素案の起草者が誰であるかはもちろん教授会の秘密事項であったが、すぐに外に洩れた。私は一九七四年度の新学期は、はじめ二度しか講義できなかった。研究室での大学院ゼミも二度襲われた。経済学部自治会から学部としては「団交」を拒否しているが、「個人」として自治会と会ってくれといわれて、いささかお人好しにも、時間を三時間と限って、自治会が身柄の安全を保証する、という条件でなら会うと答えた。そのあと不安になって、身柄を保証するというのは、学外へ出るのを保証する意であることの確認を求めた。いや、三時間の間だけの保証であって、その後については責任は持てぬという返答である。それでは会えない、と取消して、事態を一層悪化させた。学部長は、危いから出校してくれるな、講義は代講を依頼するからと伝えてきた。他の教官たちは講義しているのに私だけが出校できず、次第に精神的に参ってきた。反対派の学生たちは「田中教授は欠勤である。T助手と同じだ」と宣伝した。

いますこし私事にわたることを述べさせて貰う。私は一九六七年に教授に昇格して「経済原論講座」を担当することになり、六九年から経済原論の講義をはじめていた。もともと私は経済学史それも経済思想史寄りの勉強をしてきた。『ロシア経済思想史の研究』（一九六七年）が私の学位請求論文である。それが経済原論担当というのはミス人事であるという批評が外部の研究者からもあった。そういうことになったのは、経済原論に予定されていた人が病気で急歿し、学外から誰を迎えるかについては向うから断られたり、意見がまとまらなかったりで、最後に私が候補者のひとりになったのである。これも断れば断れない話ではなかった。いや、この方は断るべきであったが、結局承知した。学位請求論文の完成によって次は何をすべきか迷っていた時でもある。私に原論担当に対する色気が全くなかったとは言えない。しかし原論担当は私にとって大変な重荷であることが間もなく分った。当時多くの大学では原論の講義はマルクス経済学と近代経済学の二本建てであった（このこと自体が学問に対する頽廃的な、学部内の勢力均衡的な考えをあらわしている。担当者はすべての経済学を総覧して自分の経済学をつくるのが正しい）。京大経済学部では「経済原論」はマル経、他に「近代経済学」という講義科目があった。私は『資本論』はかなり読みこんでおり、『資本論』の欠陥もまた承知していた。私の講義準備は『資本論』の内在的矛盾をどう解くのか、また『資本論』と現在の現実との橋渡しをどうするのかをめぐって難渋した。私の講義は次第に『資本論』とその問題点ともいうべき形になっていった。ノートづくりに朝四時ごろまでかかって、しかも不安定な気持ちで出講したことが想い出される。「原論」に移ってから数年で大学紛争が始まり、落付いて勉強できなくなってしまった。「原論」についての焦躁とT助手処分問題が重なって鬱《うつ》に陥った。このままでは死ぬか再起不能になると思わざるをえなかった。一九七四年一〇月学部長に辞表を提出した。私は教授会で、「経済原論」担当の不首尾を詫び、T助手処分問題での追及と重なって心身ともに力を喪ったことを述べて辞表を受理してほしいと言った。同僚は熱心に引留めてくれたが、それには従えなかった、結局、日付は一九七四年三月末日とすることで了承された。私の困難と辞意を知った先輩知友が根廻しをして、甲南大学経済学部が四月一日付で私を受け容れてくれたので失職を免れた。甲南大学に移ってからも私はなかなか立直れなかったが、隠やかな空気のなかで、次第に心身のバランスを回復していった。私は経済原論から離れ、マルクスから離れて、経済思想史に戻った。しかしロシア経済思想史を続ける気はなく、イギリスを中心とする自由主義の経済思想に関心をつよめていった。大学紛争の渦中ではホッブズの「自然状態」を想起し、「熱狂」を徹底的に嫌ったヒュームやスミスを偲んだ。

京大の紛争は私が辞めたあとなお数年もつづいてようやく鎮静に向った。総長は凍結していたT助手処分問題の議を再開し、評議会は一九七九年六月一八日にこれを可決して紛争は終った。

結局、大学紛争とは何だったのか。戦後における大学制度の固定性と社会の変化の問題が基底にあり、戦後の大学（教員と学生）の意識史を考えねばならない。その解答はいまだに私には準備されてはいない。ただつぎの二点だけを指摘しておきたい。

(1)　平素、知的にみえた学生たちが「熱狂」に捲きこまれると、どんなに不合理的になりうるか。教員の「熱狂」派や学生の動向におもねた人たちは別としても、一般教員がどれほどに品位を喪い、また臆病であったり、自己の保身を計るものか、いやという程、私自身の自省も含めて知らされた。「秩序」というものは皆がそのなかで生き、それを守ろうとしているときは強固であるが、それが破られることが日常化すると、回復が困難である。そして「熱狂」が根柢にあると、知性はそれを合理化するためにいくらでも使われる。人間的な幼なさが秀才と合体すると、とんでもない方向に走りうる。それでも大学紛争ではある程度の良識は守られたというべきであろう。死者は出なかった。大学紛争は多くの大学人の人間的未成熟を露呈させたが、成熟することはなかなか難しいから、「熱狂」の場をつくらないことがまず大切である。私は軍隊で制度悪というものを身にしみて感じたのであったが、大学紛争では理性や知性といったものの頼りなさを思い知らされた。私が後にハイエクの合理主義批判に惹かれるようになったのも、その辺に体験的原因がありそうだ。

(2)　戦後の学生の左翼運動史の点からみると、六〇年安保の時点ですでに新左翼の進出があった。大学紛争では新左翼が主役に躍り出た。ソヴィエトに不信をもち、組織の規律を嫌うかれらは、多くのセクトおよびノン・セクトに分かれ、そのラジカルさにおいて左翼教授をはるかに追い抜いた。毛沢東、カストロ、チェ・ゲバラらが尊敬された。また、社会主義においてこそ真の「市民社会」が建設されるという神話も語られた。それらの根柢には、スターリンや日共のマルクスはダメだが「真のマルクス」は間違っていない、という考えがあった。マルクス主義はアナーキズムの方向に解せられ、アナーキズムが権力をうまざるをえないことは理解されなかった。マルクス主義がセクト的諸マルクス主義に分裂したことは、マルクス主義のイデオロギーとしての末期現象であった。学生たちは時代閉塞とくに思想閉塞の現状をかなり前から感じ取っていたに違いない。

大学紛争の積極的な意義はどこにあったか。かなりの数の私学では会計の不正や曖昧な点がきれいになった。しかし国公立大学での「改善」は見えにくい。教職員専用のエレベータやトイレが学生に開放されただけでは貧弱すぎる。会議や学生との合議がやたらに増えた。単位取得は教員にも学生にもラクな方向に改訂された。大学紛争で巨大なエネルギーを放出した学生たちは、イデオロギー離れして私的な自己に還ってゆき、アトム化した。教師は悪夢から醒めたように、何事もなかったかのように日常に還っていったが「大学改革」の業務のために研究時間を著しく削られた。

大学紛争も今は昔である。現職を離れてすでに久しい私には、大学の現在を体験的に語ることはできない。しかし、大学紛争の傷がいかに深かろうと、次々に入学し卒業してゆく学生の間では、傷はそれなりに癒されていったのであろう。イデオロギーとしてのマルクス主義は終っても、イデオロギーあるいは理念全般が終焉してはならない。私は中世への還帰やポスト・モダーンに対立して、近代そのものを、ヨーロッパ思想の本流を真剣に学び、社会的な自由に思いをこめ、リアルな眼をそなえた成熟した人間になることが大切だと思っている。

（一九九七年九月七日稿）

最後に大学紛争が学問研究に残したポジティヴなものは何であるかについて、私の感想を書き加えねばならない。共闘派で大学院・教師の道へ進んだ人たち、とくに大学批判にかなり深く関わった人たちの学問の傾向を一概に言うことはできない。かれらは紛争において唱えた批判精神、反権威的なところを一般に備えている。しかしその方向はさまざまである。ある人たちは近代の全面的批判を指向して、ポスト・モダンのフランス哲学の輸入者になり、難解にして空虚な文章を書き、先端をゆくものと自称している。あるものは、戦時中の「近代の超克」ばりの、内容は復古的な論説を書いている。私はそういう人たちを信用できない。しかし、最良の人たちは、学問的に言葉の真の意味においてラジカルである。かれらは、原資料を発掘したり、厳密なテキスト・クリティークを行ない、学問の第一次作業というべき仕事をしている。そして特定の「流派」に属さず、自由に視野を拡げている。もちろんそういうことは何も旧共闘派出身者にだけ限るわけではないが、しかし挫折のくやしさを学問におけるラジカル（根柢的）な営みに生かしているると思える人たちがいることは確かだ。私はこういう人たちの将来に期待する。かれらを、否定した大学の教授になったのは変節だと責めるのは、責めるもの自身が自らを顧みない傲慢である。研究に打ちこめる職場は大学か少数の研究所以外には存在しない。涙をのんでも妥協せざるをえない。それに、学生時代の思想や行動の責任を問うのは間違っている。社会的責任が生じるのは学生に教えたり、モノを書いたりしてからのことである。

（一九九七年一一月一日）

10　戦中末期学徒の「余生」

私は『朝霧』平成元年一月号に「信州の禅僧」を寄稿している友人の湖海昌哉君と同じく、中学生時代に故山村湖四郎先生の教えを受け、その後も先生のご愛顧を頂いたという縁で、先生のご子息から寄稿を求められた。湖海君のような適切なテーマを持ち合わさないので、いささか自分史に傾くが、ある程度には同世代的な拡がりをもつと思う戦後思想史の切片を書くことにする。

「余生」というと普通には老後の余生のことが思われるし、高齢化社会の現在では余生という言葉は好まれず定年後の第二の人生の設計などという「生き甲斐論」が盛んである。そして私もそういう年齢に足を踏み入れている。欲目にみても、ごく近くまできている。しかし私があえて「余生」と書いたのは、そのことではない。戦争末期の在学中に兵隊に採られ、敗戦の色すでに濃厚で、「一億玉砕」「神国不敗」などのちぐはぐなスローガンが唱えられるなかで、「人生長くて二十五年」をいやでも覚悟しなければならなかった青年が、意外にはやく来た敗戦によって、ほとんど無限定の「余生」を獲得した実感のことである。

戦時中は日本人のほぼ全体が、「神としての天皇」と「聖戦」を信じていたというのは、私の見聞した限りでは、真実でない。反軍的な気持をもっていた先生は中学校の先生にもかなりおられた（山村先生もそのひとり）し、旧制第三高等学校に入ると、当時の支配的イデオロギーに対する、消極的ではあるが抵抗の思想的気分（妙な言葉だが）がむしろ支配的であった。「自由」の校是と「自由寮」の名は敗戦近くまで保持された。私たちは中学校の厳しい校則、配属将校の猛威、そして当時でもやはりそれなりにプレッシャーのあった受験勉強から解放されて、自由の知的雰囲気のなかで、カントを読み、ゲーテやトルストイを読み、あるものは詩歌に傾倒した。日本の古典では万葉集と歎異抄がもっともよく読まれていた。読みはじめても必ずしも理解できたわけではない。カントなどの哲学書はとくにそうである。しかし理解できないまでも、そうした読書と友人との議論などから、若い心に滲み透って身についた、一種の思想的気分は貴重である。私はそれが自分の原点であったように思われる。

当時はマルクス主義はすでに弾圧されつくして、その影も私たちには見せなかった。私たち旧制三高生を支配した教養は白樺派の末流であり、大正デモクラシーの政治批判も薄められてしか伝わっていなかったように思う。野上彌生子の名著『迷路』でいえば、左翼学生運動からの落伍者の烙印に内的にも苦悩しつづける主人公、菅野省三時代の余響は絶えており、他方、パスカルさえ禁断の書めいて、迷いの末、学生の徴兵猶予を捨てる慎吾は、私たちとほぼ同年輩者であるが、私たちの周辺の精神的風土は相当に違っていた。しかし、時代への抵抗の思想的気分に浸されていても、私たちの教養主義からは、社会的現実をトータルに批判することはできなかった。「聖戦」は信じないが、この戦争に敗ければ日本民族は滅ぶのだから、いやだけれども、戦争に狩りだされるのも致し方ない、というのが私たちの間にほぼ共通した思考であったと思う。

結果的には半年に満たない軍隊生活が敗戦で終り、私たちは無限定の「余生」を得た。学窓へ戻ったとき、私は京大経済学部の二年生であった。

食糧も乏しい困難な時代ではあったが精神的には昂揚した日々であった。それは幸いにも生き残ったからだけではない。第一次世界大戦は西欧の知識青年の多くを虚無感に陥しいれた。第二次大戦の戦後は全体的には異なっていた。戦勝国側にも不正や勝利者の身勝手がなかったわけではない。しかし、大局的には正しい思想の国が勝ち、敗戦国の人民も自国の圧政から解放されたという実感があった。そこが「戦争目的」がついに不明に終った第一次大戦と違うところだ。ところがそこからさきに問題がある。勝利者の主力は体制の異なる二つの超大国であり、いずれも解放者たることを自称していた。いずれの体制が真の解放の在り方なのか。

日本は当時GHQの統治下にあり、天皇制を懐しむ少数者を除いてはアメリカの民主主義と豊かさに疑問をもたなかった。しかし、私たち学生（もちろん全部ではなくて大多数でもないが）にとっては、問題はかんたんではなかった。私たちは自由を喜んだが、戦時中はともかくも身につけた自由の教養には、社会科学的な知識が欠落していた。そこへ、抑圧されて姿を消していたマルクス主義が異常な勢いで知的論壇の支配的勢力になった。獄中で非転向を貫いた左翼の闘士たちが、華々しく登場した。私が大学院生になったころから、民青同盟が学生運動を組織し、六〇年安保闘争にはマルクス主義の別の派が登場し、大学紛争期には共闘諸派が反民青では一致しながら相互の間で闘うが、それらの学生運動はすべて、自分たちこそ「真のマルクス」の徒であるという信条を根幹としていた点では変りがない。ソビエトに対する幻想は、一九六〇年代半ばごろにはほとんど消滅していた。しかし他方、ヴェトナム戦争はアメリカ帝国主義に対する批判を鋭くしていた。そして、暴走した大学紛争の鎮静化のあとには、学生がイデオロギーを喪い、豊かな社会のなかの柔順な生活の享受者になってしまった。

学生から大学の教師になった私の戦後の「余生」は、大まかには右のような動向をたどる学生たちと向いあって講義し、ゼミで研究指導し、ときにはもっと私的なつきあいをしながら、経済学（専攻は経済思想史）の論文を書き、学会活動をして今日にいたっているという次第である。その間に、大学紛争期に身心ともに疲れ果てて京大を辞し、甲南大に迎えられたという職場の移行はあり、また専攻内部でのテーマの曲折や変化はあったが、基本的な生活内容は同じである。

経済学（社会科学一般といってもよい）は、自然科学とちがって、思想と離れがたく結びついており、課題そのものが歴史的に変化する社会の経済から投げかけられる。そして、思想という基本的なところにおいて、私も日本の多くの経済学者も、内的に変らざるをえなかった。私自身はマルクス主義者であったことは一度もない。しかし、私の経済学研究はマルクス経済学を素養とするところから始まっており、何とかその現代的改築ができないものかと苦しんだ末に、その不可能性を悟った。ここ十年余りは、マルクスによって批判しつくされたといわれる古典経済学のなかに、多くの真実な認識のあることを認識してきている。そして、一八世紀以来の西欧とくにイギリスの思想が社会思想の大道であり、自由主義というものを十分に深く学ぶことが、われわれの社会にとっていかに大切かを知った。

首尾一貫、私の思想は生涯変らぬ、というのが立派に聞こえるかも知れない。しかし、社会思想に関するかぎり、現実の展開を素直に認めて、自己の思想を改めてゆくのが本当の道であると思う。

随筆というものは、閑雅の趣きをもつべき文が望まれることは承知している。しかし私にはいまそのような文を綴る余裕がないので、寛恕をえたい。

〔歌誌『朝霧』38―1（一九九〇年一月号）〕

11　東欧の激動と思想責任

昨年秋にはじまる東欧の激動は、テレビの連続番組その他で詳細に報じられており、今後もなお揺れ動くに違いない。私はロシア経済思想史をテーマにしていた時期があったが、約二〇年前にそのテーマから離れたし、東欧の動向についてユニークな観点をもっているわけでもない。私もまた多くの人たちと同じく、一党独裁政治・中央集権的計画経済（マルクス・レーニン主義）の体制は、今後紆余曲折を経るにしても思想的に命脈がつきている、と考えている。

マルクス主義（マルクス・レーニン主義）は、戦前の日本知識人、とくに優秀な学生たちを強くとらえた。小林多喜二らのプロレタリア文学は、一九二〇―三〇年代の日本資本主義の底辺のすさまじい悲惨を描いた。野上彌生子の『迷路』を読めば、マルクス主義の大義に殉じきれなかった、知的で誠実な青年の、背教者の虚無にさいなまれる人生を、おぼろげにでも追体験できるはずである。現実の悲惨さが、マルクス主義という解放思想を信仰の域にまで昇華させたのである。

戦後の早い一時期を除いて、マルクス主義はタブーではなくなり、広汎な知識人・学生が多少ともその影響を受けた。世界的にみればマルクス主義的な階級理論がまだ有効な地域、マルクス以前的な地域がひろく存在している。しかし、先進資本主義諸国の現実が、マルクスの生きた時代と大きく様変りしてしまったことは否定できない。現実とのズレのどうしようもない進行は、思想の側における変容を強いる。「スターリンは悪いがレーニンは正しかった」「レーニンがマルクス主義を邪道に導いたのだ」「エンゲルスがマルクスを浅薄化した」というような模索があり、「真のマルクス」の探求期が来て、多くの「真のマルクス像」が印刷に付された。いまもそれは終ってはいないが、八〇年代後半には下火になった。

私自身の大学生時代は戦中と戦後にまたがっている。マルクス主義者であったことはないが、その影響を受け、私の経済学の素養はマルクス経済学である。『資本論』を現代に妥当するものに改造しようとして、結果の虚しかった苦闘の年月の想い出は、いまもなまなましい。それを断念したのは一九七三—四年ごろである。

現実がいかに変ろうと、自分の青春の思想を生涯抱えこんで、立場（思想）の終始一貫性を何よりも大切にする人がいる。他方、局面が動くたびに目まぐるしく立場やテーマを変える人がいる。一番多いのは、自分では終始一貫しているつもりで、思想の内実が微妙に変化しているケースである。東欧の激動について思うことのひとつは、もし日本に共産主義革命が起きていたらどうなったか、国民は不幸になっていたであろう、という問題である。思想は人を殺しかねない双刃の剣である。「戦争責任」だけが思想責任の一切ではない。以上のことを深く省察するのでなければ、日本の知識人における個人的責任倫理は確立しない。時代があのような時代だから自分もそう考えていた、ということで何の苦痛も感じない人は、知識人ではない。

思想責任というものは、いつから生じるのか。私は、思想に関わる書きものを印刷に付し、あるいは教壇に立つ身になってからだと考えている。

いまひとつ、書き足したい。マルクス主義の終りは思想一般の終りではない。私は社会科学の根っ子には思想がなければならないと考えている。私たちは、一七、一八世紀以降の西欧近代思想を今こそしっかりと学ぶべきである。

〔Gakuseibu Dayori, 甲南大 No. 111, 一九九〇年一一月一日〕

III

12　細見英君の追想

細見英君とはじめて会ったのは、いつであったのか、想い出せない。細見君が京大経済学部に在籍していた時期には、わたくしは、経済学史第二部を講義していた。第二部は、出口先生が講じておられた古典学派前半（スミスまで）のあとを受けて、マルクスを中心にしていた。細見君は滝川事件などで多忙であったが、わたくしの講義のすくなくとも一部を聴講してくれていて、のちに感想を語ってくれたことがある。そのことに関して印象づけられたのは、細見君が講義というものに対して、人並み以上に高い要求をもっていたことである。それは、かれが講義をする身になったとき、講義において、自分の学を全面的に、集中的に情熱的に表現しつくしたい、そういうものとしての講義でなくては、学生の前に立って話しえないという、かれが後に自己の内部に次第につのらせていった欲求に連らなるものとして、想い起こされるのである。

細見君が京大を卒業し、同時に立命館大学経済学部の大学院特別研究生になったのは昭和三三年、それから二年後には「疎外された労働の概念」という処女論文が『立命館経済学』に掲載され、その続稿に当る論文二篇もつづけて二年のあいだに発表されているのだから、まずは順調なスタートといえるであろう。それら一連の論文は、ヘーゲルの批判的摂取を思考の軸としたマルクスが、経済学に入ってゆく時点、あるいは経済学の研究が同時に経済学批判の構えを形造る時点において、マルクスの経済学の基礎視点が定められるゆえんを、論理的かつ文献実証的に究明することをテーマとしていた。だから、それはヘーゲルからマルクスへ、の研究ともいえる。細見君はのちにヘーゲル生誕二〇〇年に当って、『経済学史学会年報』(昭和四六年)に「ヘーゲル復興の動向」という学界展望を書いて、ヘーゲル研究のサーヴェイをしている。また、初期マルクスの経済学について細見君は、マルクスには商品交換を手掛りにするノート(「ミル評註」)と、分配を手掛りにして人間の資本主義的疎外の在り方を一挙につかもうとするノート(「経哲草稿」)とがあって、その二つはいかなる関連をもっていたかという問題を立てて、それを解くのに苦心していた。この問題の一部(「ミル評註」と「経哲草稿」第一草稿の執筆順序)は、ラーピンによって文献実証的に説得的にあきらかにされた。それによると、マルクスの執筆順序は、はじめ細見君が想定していたのとは異なって、「経哲草稿」第一草稿が「ミル評註」よりもさきであるというのだが、ラーピン論文を知って、その論証を正しいと認めた細見君は、ただちにラーピン論文をくわしく紹介した。ラーピン論文の翻訳も同君によっておこなわれたのだが、ラーピン論文自体よりも、細見君による紹介のほうが、すっきりと要領をえていて、明快であった。

このことにも示されているように、細見君の読みは、丹念で精緻であった。おそらく、細見君が、もっとも精根をかたむけて幾度も読んだであろうと思われるのは、「経哲草稿」である。あの奔放で難解で、ふかい魅力をたたえた章句があるかと思えば、たちまち意味の通りにくい章句が接続するノートを、かれは自己のものとするために、読みなおし、考えに考えたにちがいない。Entgegenständlichung という、マルクスの造語であろうと思われる一語についての考えを書いた論稿は、その一端をしめしている。マルクスの若書きのノートに対する細見君の読み方は、客観的な文献考証的態度とは異なっていた。マルクスの思想・論理の精髄をそこに読みとらねばやまないといった、全人的傾倒ともいうべきものであった。（それにくらべて、ラーピンの執筆順序考証の論文は純文献史的考証である。だから、ラーピン論文は細見君にとって、ひとつの重要な参考資料ではあったが、それにとどまるものであった）。

細見君の主論文を一論文にしぼって挙げるとすれば、経済学史学会が『資本論』第一巻刊行一〇〇年を記念して計画した「『資本論』の成立」に収められた「マルクスとヘーゲル――経済学批判と弁証法――」（昭和四二年）である。その前年の秋の学史学会大会でかれがおこなった研究報告をもとにして書いた論文であるが、研究報告自体も、自信に満ちた態度であったし、他の人たちよりもはやくに論文を書きあげて編集部に送って、細見君の平素を知るものを、おどろかせた。この論文には、『資本論』の構造を簡素な図表に集約している個所があり、一部のひとたちはそれを細見図式（図表）と呼んでいる。論文の副題——経済学批判と弁証法——は、かれが自分の手ではついにまとめえずに終った著書のタイトルになるべきものであった。亡きあと、友人が見つけた、幾通りかのかれの著書構成のプランでも、このタイトルがもっとも多い。かれの死の直後、わたくしは、論文をあつめて遺著のかたちにまとめることが、細見君のこころに添うのであろうかという点に、危惧をいだいたのであったが、かれの遺したプランによれば、書く予定で書けなかった部分があるものの、大綱は既発表論稿の集成から成ることがわかって、その点での危惧は解消した。幸いなことに、その出版についても、最近、よい見通しをえることができた。複数の出版社が、処女作＝遺著という不利にもかかわらず、難しい条件をつけずに、出版の意向を示してくれたのは、細見君の仕事に対するたかい評価があればこそというべきであろう。また、細見君の亡きあと、関係者・友人たちが、ひとかたならぬ配慮をしめしておられるのは、故人の人柄への追憶にもよるのであろう。

細見君はある時期に、ロシア語を学んでいた。松岡保君、細見君と三人で、当時は三人ともたどたどしいロシア語で、レウエリ「一八六〇—七〇年代におけるロシア経済思想とマルクス主義」という書物の一部を読んだことがある。細見君は、帝政期ヨーロッパ・ロシアの県別地図を、美しいガリ版刷りにして、研究会に用立ててくれた。わたくしの本の折込みの地図がそれである。細見君はロシア研究にはそれ以上立入らなかったが、ロシア経済思想史（プレハーノフ）に関するわたくしの研究報告について、コメントを書いてくれた。わたくしの書物もていねいに読んで、長い手紙を寄せてくれた。合評会での発言とあわせて、かれのわたくしに対する批評の要点は、著者自身の論理の構えがいまひとつ明確さを欠いて、相対主義への傾斜がみられ、研究が実践に対して投げかえすべき意義がはっきりしないことに、望蜀の感をもつ、ということであった。かれの批評は、かれ自身の仕事に対する意欲をあらわしていた。

立命館大学の経済学部は衣笠校舎にあって、わたくしの家に近かった。ほんの時たま、細見君は午前中に訪ねてきた。昨夜は研究室に泊りこんで、遅くまで、あるいは明方まで、仕事をしていました、といっていた。

学園紛争の時期における細見君について、わたくしは直接には知らない。共闘派の主張と運動を、純化して受取った細見君が、民青支配のまっただなかで、すじを通すべく苦闘したことは、聞いている。学園紛争が多くのひとびとに、さまざまなかたちで、ふかい傷を残して、一応の鎮静をみたあと、細見君は、関西大学に迎えられて、経済原論を講義することになった（昭和四七年四月）。立命館大学では経済学史を担当していたのだった。経済学史から経済原論への移行は、わたくしがその難かしさを経験していたから、かれの決意を聞いたとき、それは大変だと思ったが、転機を求める気持ちがわかり、相対主義を排して、ある意味で論理的絶対主義を志向する細見君は原論向きかも知れない、とも思った。原論研究の領域で、細見君ともっと突っこんだ討論をすることなくして終ったのは、残念なことである。それには、お互いに健康を害したこともあったし、考えかたのちがいもあった。だが、この点にいまは立入らない。

たしかに、身に余る重荷をみずから背負いこんで、動きがとれなくなるよりは、運びうる重量のものを運ぶべきであろう。また、漱石が、出来のわるい作品でも約束の期日を守って送稿し、芸術上の恥は忍びうると書いているのは、大きくて立派だと思う。スミスやウェーバーが、それぞれ個性も文脈もちがいながら、日常性の尊重を強調しているのには、ふかい智恵を感じる。ことさら偉人をもち出すまでもない。周囲を見まわせば、それぞれの身丈けに合った意義のある仕事を、約束を守って果たしているひとたちがいる。やはり、それぞれに立派であり、健全であると思う。けれども、躓きの石というべきものを実はなにももっていなくて、したがって、ゆきづまるということもありえないで、平気でものを書き、講義をしているひともいるのである。細見君がこの部類から程遠かったことは、知るひとのすべてが認めるところであろう。

〔『如意』第七号、一九七六年一月〕

13　研究者としての行沢健三さん

行沢健三さん（一九二四年五月八日―一九八〇年二月八日）は、一九四六年九月に京大経済学部を卒業して、大学院に入られました。出口先生は当時まだ三十七歳の助教授で、行沢さんは、出口先生に指導教官になっていただいた最初の大学院生でした。翌年の九月にわたくしが、それから半年後（戦時の学年短縮による九月卒業が三月卒業に復して）平井俊彦さんが、そのまた二年後に山口和男さんが大学院生になり、出口先生の指導院生になりました。出口先生が学部ゼミにおいて、ジョン・スチュアート・ミル『論理学体系』第六篇、マックス・ウェーバー「社会科学方法論」、マルクス『ドイツ・イデオロギー』のフォイエルバッハ章を、それぞれ原典で読んでおられたころのことです。足利末男、岩城康夫、前川嘉一、中村尚夫、故北丸隼三さんたちが、ゼミ生であったこの時期が、出口ゼミの第一期といえます。ただ、どういうわけか、学部ゼミにおける行沢さんの記憶がわたくしには欠けています。

出口先生は、そのころ、ご自宅で別に輪読会を催され、行沢、平井、山口さんと私が参加したのですが、そのテキストは、アリストテレスの「アニマ（魂について）」という超クラシックで、英訳・独訳を貸していただいて読みました。実になつかしい想い出です。「アニマ」を終えて、『資本論』の原典輪読に入り、場所も自宅から研究室に移されてしばらくしたころ、出口先生がご発病になり、先生を中心にする輪読会はなくなったのですが、行沢さんたちとの『資本論』輪読会は、若干のメンバーをも加えて、ともかく第一巻だけはやりとげました。わたくしは、行沢さんとは中学校は別、旧制三高文科甲類、京大経済学部で一年の後輩ですが、行沢さんを知ったのは右のような機縁でした。

行沢さんは、大学院生時代には、ミルの『経済学原理』と『論理学体系』に取りくんでいました。京大経済学会での行沢さんの最初の研究報告はミルについてでした。行沢さんの勉強は、対象とする原典を素直に読んで、素直に理解してゆくという仕方でした。研究史上の問題点を要領よくつかんでまとめるとか、対象を歴史的文脈において処理するというような仕方ではなかったのです。ですから、「ミルの功利主義は精緻にはなっていても、ベンサムにくらべて、進歩性を喪失しているのではないか」という某教授の質問を受けて、行沢さんは戸惑われました。その状景はいまもわたくしの記憶に鮮やかに残っています。こういうことを書くのは、そこに当時の学界ないし学会の雰囲気と、行沢さんの勉強の初発におけるちがいの一端があらわれているからです。実は、某教授の質問は、ベンサムやミルを読んでいなくてもできる性質のものです。けれども、「わたくしはミルしか知りませんので……」という行沢さんの答には、清潔な初心、知的誠実という、学問におけるもっとも大切なものがありました。この報告は論文にまとめられず、そのあと、出口先生のご示唆もあって、行沢さんはヒューム研究に向かい、「ダビッド・ヒュームと市民社会」（『経済論叢』六二巻六号、一九四八年）が処女論文になります。この論文を読みかえしてみると、原典をかなりの量読んでいること、ヒュームに対する共感と、ややあらい歴史的文脈づけとが見られます。

行沢さんは大学院で二年半ほど勉強したあと、関西学院大学経済学部に迎えられて、国際経済論を専攻することになりました。しかし論文としては、スミス、リカード、ミルを対象とする論文がつづきます。出口先生編『経済学史』（ミネルヴァ書房、一九五三年）には「社会哲学への復帰――一八四八年とJ・S・ミル」を書きました。この論文は、それ自体、壮大で鮮やかですが、内田義彦氏のつよい影響のもとに成り立っていて、行沢さん自身の研究者としての持味とは、ちょっと異質に感じられます。行沢さんの持味は、経験主義的であり、分析的で平明な合理的思考にあります。そういう特徴は、行沢さんの素質に由来するにちがいありませんが、イギリスの古典経済学と哲学に親しんだことが、素質を素養として、みずからのうちに育くむ契機となったと考えられます。行沢さんは国際経済論の分野で、大きく自分の持ち味を生かした仕事をされたのですが、それには、右のような、それ自体としてはやや目立たない修練の基礎があったのです。

行沢さんが出口先生からヒュームをテーマとして示唆せられたことは実によかった、と感じる次第です。

国際経済論における行沢さんの業績は、大別すると三つの系列になります。

第一は、国際経済の理論に関するものです。行沢さんの処女作（学位論文）は『国際経済学序説』（ミネルヴァ書房、一九五七年）です。当時の日本の国際経済学界においては、マルクスの「経済学批判のプラン」にしたがって国際経済論の位置を根拠づけようとする方法論と、『資本論』第一巻二〇章を典拠とする国際価値論（労働の無償輸出＝国際的搾取論）とが、マルクス主義学者の中心論題でした。行沢さんも、そのなかで書いていて、大枠においては、当時の学界の支配的な論構を継承しながら、論争を整理し、無理な主張をしりぞけつつ、自説を述べています。そのなかで、国内における等価交換から直ちに国際的不等価交換の論にすすむ国際価値論の行きかたに異議をとなえ、国内における価値の生産価格への転形を踏まえ、生産価格を媒介にして国際価値論を展開していること、リカードとミル、とりわけリカードの比較生産費説を積極的に評価して、マルクスにつないでいることが、この書物の眼目をなしています。それは、マルクス経済学の枠組のなかで、マルクス経済学の経験論化を目指しているともいえるし、古典経済学を活かそうとしているともいえます。

行沢さんはその後、とくにリカードの比較生産費説に関して数篇の論文を書き、また教科書でありながら自説の前進を示す『国際経済学要論』（ミネルヴァ書房、一九六七年）において、リカードに以前よりもいっそう高い評価を与えました。そして、論文「貨幣価値をめぐるリカードとマルクス」（一九七二年）においては、マルクスの側にリカードに対する誤解があることを述べ、論文「リカード比較生産費説の原型理解と変型理解」（一九七四年）においては、リカードのテキストの精細な検討によって、従来のリカード理解がすべて、リカードを変形していることを証明しました。出口先生の古稀を記念する論文集『社会科学の方法と歴史』（ミネルヴァ書房、一九七八年）は、ご存知のとおり、如意倶楽部の諸兄のご協賛をえて刊行の運びとなった書物で、行沢さんは編者のひとりであるとともに、論文「古典派貿易理論の形成——リカードとミル父子」を寄せていますが、この論文はこの系列の展望的結論といってよいでしょう。国際経済論を専攻するひとが、この論文を高く評価しているのを聞きました。

古典派とりわけリカードの貿易理論は、行沢さんの国際経済論の理論的核心部でありますが、それは同時に行沢さんの学史研究と国際経済論研究との結節環であるともいえるし、またそれ自体、経済学史研究です。行沢さんは、いのちあれば晩年には経済学史研究に戻りたい、と云われたことがあると伝聞しましたが、それはおそらく、この研究系列の拡張を目指す理論史でありましょう。それはともかくとして、さしあたり残念なのは、折角の行沢さんの研究が、経済学史学会ではほとんど反響がないことです。その理由は、経済学史家のリカード研究が、リカード『原理』の形成史と最初の六章までに限定されて、第七章外国貿易論に立ち入らないからです。ただし、外国貿易論（比較生産費説）はなかなかに厄介で、わたくしなども、用意なしに学生に説明するのが危険な分野です。しかし、それにしても、近頃やかましい学際的研究のまえに、経済学内交流の乏しさが反省される次第でして、その点でも行沢さんの業績の消化の必要を感じます。

行沢さんは、右に述べたように、マルクスの枠組みのなかでの古典派の積極的評価から出立して、マルクスにこだわらずに古典派とりわけリカードに理論の核心を求める方向へと進んだのでしたが、だからといってマルクスを捨てたというのではありません。ただ、マルクスにある形而上学的、歴史哲学的要素を敬遠して、リカード・マルクスを貫流する労働中心の理論を、悟性的・実証的な科学の立場において、つよく生かそうとしたのです。行沢さんの仕事の第二の系列は、『労働生産性の国際比較』（創文社、一九七六年）にまとめられ、その後も、昨年一一月の京大経済研究所のディスカッション・ペーパーにいたるまで、成果を伸ばしつづけられた研究です。行沢さんは、イギリス留学中（一九五九年七月―一九六一年一月）にロスタスの論文に触発されて関心をもち、関西学院大学から京都大学経済研究所に移られたとき（一九六二年一〇月）、研究所における自分の長期的・中心的テーマとして着手したのでした。行沢さんの業績のうちでも、もっとも代表的な仕事と評価されるものです。さきに述べた労働中心の理論視座が、吟味を重ねた統計資料の駆使と結びついて、経済学者たるにふさわしい経済学の業績がうまれました。梅沢さんが、この仕事における行沢さんの追想を書かれますので、わたくしは、雑誌『みすず』の一九七六年読書アンケートに対して、第一に行沢さんの『労働生産性の国際比較』をあげ、「基本的には単純な、しかし長期にわたる辛抱づよさによってのみなしとげられるこの種の仕事は貴重である……」（同誌一九七七年二月号）と書いたことだけを記しておきます。

行沢さんの仕事の第三の系列は、日本を中心とする国際経済の現状分析と展望、国際通貨としての円にかんする時事論説です。それに、日本の貿易統計の吟味、組み替えがあります。それらは第二の系列を踏まえ、あるいはそれに関連していると見られますが、わたくしは第三の系列の仕事はよく読んでもいないので、書く資格がありません。経済の現場で活躍しておられる諸兄には、もっとも関心のつよい分野でありましょう。

行沢さんは、幼時は虚弱だったが、中学校で剣道（三段と聞きました）をやってから丈夫になったと語っておられましたが、わたくしが識ったときの行沢さんは、健康にも恵まれた人でした。そして、精神的にバランスのよくとれた人でした。不正に対して怒るまっすぐな背骨はたしかにもっているが、状況に適応することが、ごく自然にできて、楽しい雰囲気を醸す人柄でした。ないものねだりをしたり、疎外感のとりこになるのとは、まさに反対の性格のひとでした。行沢さんは、自分の書きものに対しても、達成をよろこぶひとでした。そのよろこびには、うぬぼれや自慢のいやみがありません。他人のよき達成に対しては心から感心しました。このような性格は、わたくしの知るかぎりでは、研究者には稀です。むしろ多くは、自己の仕事に対する不満感のとりこになって、かえって、できることもできなくしてしまいがちなのです。行沢さんのたぐい稀な資質は、学問において、たいへん生産的に働いたように思われます。

うらやましいほど心身の健康にめぐまれていた行沢さんは、一二年前に、ホジキン病という難病に突然襲われました。それからは、つねに病院との縁が切れず、時々の入院を伴う治療をつづけながらの生活でした。行沢さんが、その一二年間において、すばらしく多産的な仕事をされたことは、まさに特筆すべきです。病におかされる前の行沢さんは、遊びにおいても多才でした。ジョークやパロディを好み、快活な「軽み」を身につけていました。病をえてからの行沢さんは、実に厳格に生活を規律し、医者の指示を模範的に守って、なお残されているいのちを、仕事に集中する禁欲的な生活に徹したのでした。そして、原稿の約束をよく守りました。そして、あたたかい思いやりのあるひとでした。実に惜しい人物を、わたくしたちはうしないました。

（京都大学経済研究所主催の追悼式が三月二六日におこなわれ、同二九日には出口先生の経済共同研究会で、国際経済論専攻の甲南大学教授柳田侃氏に行沢さんの業績について話してもらいました。わたくしは、追悼式には出席できませんでしたが、原稿のあるものはコピーをもらい、柳田さんの話とあわせて参照しました。もちろん文責はわたくしにあります。）（一九八〇年四月稿）

13　研究者としての行沢健三さん

〔『如意』八・九合併号、一九八〇年七月〕

14　経済学者・中野正先生

一

私は中野先生には一度お目にかかったことがあるだけである。それもずい分昔のことである。一九五五年十一月、経済学史学会第十二回大会（大阪市立大）において、先生が「シスモンディからみたイギリス古典経済学」を報告されて、それを聴いたのだが、論理的な力の印象だけが残っていて、内容は覚えていない。

中野先生の学問が私のうちに入りこんできたのは、甲南大学の同僚で、先生のいわばインナー・サークルのひとりである吉沢英成さんから『「資本論」の問題点』を奨められて読んでからである。私が甲南大学へ移ってしばらく経ったころであるから、ほぼ十年ほど前であろうか。僅か二〇〇ページの小著のうちに、しかも「教養の経済学」としてのテレビ講座のテキストを土台にして、『資本論』の体系と要点が簡潔にまとめられているだけでなく、著者の『資本論』への問いかけ、著者自身の考え方が明確に示されているのに、私はすっかり感心した。私は甲南大学では経済学史の他に経済原論Ⅲ（マルクス経済学）をほぼ隔年に担当しているのだが、これはと思う経済原論Ⅲのテキストが見当らず、されぼといって自分でそれを書くこともできなくて困っていたので、先生のこの書物をテキストにすることに決定し、いまもそれを続けている。私は先生に手紙を差上げて、校正ミスと思われる箇所のリストと、内容上の疑点を質したところ、前者については「校正恐るべし」と痛感したという謝辞を頂載したが、後者についてはつよい調子の、そして長文のポレミークが返ってきた。そのお手紙には、学問上の議論になると社交を顧慮せずに一途に没頭する研究者のスピリットがあった。それ以降、私は自分の書きものをお送りしてきたが、その都度、ハガキの短文であっても、確かに読んでいただいたことの分かる批評や感想を頂戴してきた。まことに有難いことであった。

『「資本論」の問題点』の全体の構成は宇野原論に負うところが大きい。しかしその内部において、およびそれをハミ出しつつ著者の創意と工夫が充満している。生産関係を生産手段の所有関係ではなくて剰余労働の支配関係と考える点、資本の回転に中心を置く利潤論、リカードゥへ戻ってそこからマーシャルをとりいれた地代論、それらの諸点や、労働価値論においてドロップしてゆく「知恵」の問題、転形問題の未解決の認知など、著者は（多分に宇野原論的に解釈された）『資本論』を、すぐれたひとつの「経済原論」として、そのようなものとしてできるかぎり自己に納得のいく形にして呈示しようと努めているのであって、それを唯一の「経済原論」として説いているのではない。

私はそのような『資本論』への対しかたに基本的に賛成である。ただし私は講義においてはテキスト通りではなく、『資本論』をいっそう学史的・歴史的に相対化して述べている。それはさておき、秀れた学生はどこにでもいるものである。あるときゼミのコンパのさいに、「先生の経済原論Ⅲのテキストはよい本ですね。教科書であんなに考えながら読める本ははじめてです」といった学生があった。

二

中野先生の著書のうちで、研究者とくに若い研究者たちにもっとも大きいインパクトを与えたのは、『価値形態論』（一九五八年）であろう。そのころ先生は東京大学に出講されていて、先生の人柄と学力に魅せられたひとたちの集まりができたと聞く。

『価値形態論』を私が読んだのは『「資本論」の問題点』のあとであった。『価値形態論』が東京大学の院生、学生たちを惹きつけたのは、その大きな構想力であったと思われる。中野先生は私の言葉でいえば、弁証法的・形而上学的な構想力をもっておられた。『資本論』を資本主義の生成・発展・爛熟の過程の内面的論理として読み替えようとする力業《ちからわざ》は、宇野理論の本流たる純粋資本主義論に対して、当時としては新鮮の気を吹きこんだのであろう。しかしもともと宇野理論の圏内に生息していない私は、宇野理論自体を本格的に勉強して宇野弘蔵の偉さをそれなりに、というのは宇野にコミットするには余りにも多くの疑義が宇野・マルクスに存在するという意識をもちながら、宇野の偉さを認めたのであり、しかも私のその勉強は一九六〇年代の後半のことであったから、『価値形態論』の私に対する意義は、わかい研究者たちを魅了した点とは、おのずから別のところにあった。中野先生は形而上学的な構想力とともに、鋭利な分析的推論に長じておられた。私が感心したのはこの後者の面である。とりわけ、コーエンら新カント派哲学の素地がところどころに垣間見られることを懐かしく思った。このことは、後に先生からのお手紙に「私も勉強の出発点は新カント派の哲学でした」と述べられていたことによって裏付けられた。『資本論』と宇野理論だけが思考の枠組であり、その他の教養のない多くの宇野系経済学者の狭さと異なるものがあった。

『景気循環論』になると、分析的推論の面がずっと強くなる。この書物はある意味では景気循環に関する諸学説の研究ノートの集成というような性格をもっていて、マルクスからも宇野からも大きく離脱している。そして、多くの勉強にもかかわらず、著者の積極的な理論的主張において稀薄であることを否めない。しかし私はその多くの勉強を尊敬せずにはいられなかった。「体系」を求めるひとたちにとっては、この書物は魅力がないであろう。

『景気循環論』が師宇野弘蔵からの離別の決定点になったと聞く。宇野はマックス・ウェーバーをあまり高く評価していないが、私見によれば、宇野はあの時代において、日本の経済学者のうちでもっともウェーバー的であった。学問を学問として、イデオロギーと峻別して、自己の納得するところまで考えぬき、学問上の批判に対してはつねに自分で答えていった宇野の学問的剛毅さは、容易に追随を許さぬものがある。そして宇野は「体系」を創った。しかし「体系」をひとたび創ってしまった宇野は、批判に対してとくに身内《みうち》からの批判に対して、マルクス学からの逸脱に対して、非寛容であった。こうして自己のもっとも有能な門弟を「追放」した。宇野のウェーバー的学問の理念が、はじめから「マルクス学」の土俵に限られていたのか、「体系」を創ったものは当然に保守的になるものなのか。

三

中野先生は宇野理論に匹敵するような「体系」を創りはしなかった。しかし、真実を求めて、異質的な諸経済学をつぎつぎに勉強し、経済学者でありつづけた。

翻訳だけでも先生の業績は、並の学者のものではない。ウェイクフィールド『イギリスとアメリカ』の世界古典文庫三冊本は大変読みやすい。セー『恐慌に関する書簡』、ボナァ編『リカアドオのトラワァへの手紙』からスラッファ編『リカードウ全集』の大きい部分の翻訳分担にいたる仕事、難かしいステュアート『経済学原理』の第一、第二篇の、異版対照を付しての、岩波文庫三冊の初訳。これだけでも経済学史の研究基盤の整備のための大きな貢献である。

さらにベーコン、エルティス共著『英国病』の共訳に付せられた先生の解説「スミス的視点とイギリス経済の現状分析」は本文自体よりもはるかに明晰に、スミスの生産的労働と非生産的労働の区別が現代経済の分析において生きることを論証している。先生が「経済学英書講読」のテキストとして編み、要点について簡潔で鋭利な解説を加えている『金融経済に関する証言』は「マクミラン報告書」と「ラドクリフ報告書」を素材としたもので、先生の経済学者としての資質を物語っている。

先生が経済学以外の諸分野において広い教養をそなえておられ、そして、すぐれたエッセーを書かれたことは、かなり多くの人が知っているであろう。『経済セミナー』のコラムに書かれた小文（「私の書架から」）では、先生が戦前はやくにトロツキーを読んでいて、ソビエトの内情に幻想をもつことなしに『資本論』の研究に向かった次第を述べておられた。

私は経済学者でありつづけることは容易でないと思う。経済学者であることをいちはやく止めた経済学、経済学的経済学史家や哲学に舞い上って経済学の限界を楽しく論じる人や、時勢の局面ごとに追随して焼畑農法さながらに「新」理論を追う人たちがすくなくないなかにあって、ひろい関心をもちながら経済学者でありつづけた先生の立派さに、あらためて敬慕の心が湧いてくる。

〔中野正先生追悼集委員会編『中野正先生追悼集』森田企版、一九八六年六月〕

15　研究者としての山口和男教授

昭和六一年六月二一日（土）の午後に甲南大学・同経済学部共催でおこなわれた故山口和男教授追悼講演会においての上記題名での講演の活字化であるが、時間の制約で省略した部分を復元し、若干の補訂を加えた。

I

私に与えられたテーマは題記のとおりでありますが、あらかじめ皆様にご了承を得ておきたいことがあります。それは私が研究者としての山口さん——こう呼ばせてもらいます——を研究者として私の責任において語らねばならぬと感じていることです。追悼講演というものは往々にして無難に故人をほめあげることに終始しがちですが、それはかえって研究者としての故人にも失礼であると思います。もちろん追悼講演における礼の許す範囲内においてではありますけれども、私は私の主観に映じてきた研究者としての山口さんについて率直に語りたいと存じます。

　山口さんは、地縁的にも学歴、職歴においても私に大変近いひとでした。ともに京都市の西北部に住み、小学校を除いて、洛西幼稚園、旧制京都府立第三中学校、旧制第三高等学校、京都大学経済学部、大学院、しかも出口勇蔵先生を学部および大学院での指導教授と仰ぐにいたるまで、同じコースをたどりました。この間ずっと私の方が山口さんより二年（戦争のための学年短縮で大学卒は二年半）さきでした。甲南大学の教員としては山口さんのほうが二〇年以上も先輩です。

　さて研究者としての山口さんを語るのに、私は経済学史を専攻するものですから、この分野でよく用いられる方法を意識してお話したいと思います。つまり、ある時代的状況のもとで生きたある世代のなかのひとりの個人としての山口さん、その山口さんの研究者としての問題意識の展開と業績を、もう一度お断りしますが私の主観にひきつけて紹介いたします。

　敗戦後の飢餓と解放の時期はすでに遠く、今の学生諸君にとっては、私たちが日露戦争の話を若いころに聞かされたのよりもすでにやや長い年月を経るものになりつつあります。人生二十五年と覚悟させられていた青年たちにとって戦後の解放感がどのようなものであったかは、実感しにくいかもしれません。

　戦後の解放期に多くのひとびとを捉えた思想はマルクス主義と近代主義でした。マルクス主義と近代主義とは言うまでもなく思想的には異質です。戦後の間もないころの近代主義を象徴するのは、志賀直哉さんがフランス語を国語にすればよいと言ったり、桑原武夫さんが俳句第二芸術論を主張したことです。戦時中も知識人のなかに頑強に生きていたヨーロッパ憧憬が強力に噴出し、旧日本の全面的否定と日本の西欧化を唱いました。日本全体としてはやはり向米的でしたが、わたくしたちに魅力のある近代主義者たちは向欧的でした。そして社会科学の思想においてはとりわけ、マルクス主義と近代主義とが近接し、一部融合もしていました。講座派マルクス主義を土壌として戦中に出立した大塚史学、マルクス主義を方法論的対立物としながらもそれに対するよき理解と問題設定の共通性をもつ丸山思想史学の開花の季節であり、また経済学史においては内田義彦『経済学の生誕』の懐妊から出産への時期でした。私たちはこのような知的環境のもとで研究者の卵になりました。

山口さんは一九五〇年に大学を卒業し、出口勇蔵先生を指導教授として三年間大学院に在籍したあと甲南大学の教員に迎えられました。山口さんは経済学よりも歴史をふくむ人文科学に関心を向けていました。彼はドイツ経済史を専攻テーマに選びました。抽象理論よりも具象的な、感覚と感情に直接に訴えるものに対して敏感な山口さんの特徴は、はやくからはっきりしていたように思います。

II

山口さんのドイツ経済史の基礎概念は「プロシャ型の道」でした。この概念はその当時フレッシュな響きをもっていて多くのひとたちに共有され、山口さんのその後の仕事においても相当に重要な役割りを担っています。出典はロシア第一革命のほぼ終末期のレーニンの著作です。農業の資本主義化には二つの道筋があり、ひとつは「アメリカ型」、これは農民が前近代的なものを一掃して農民のなかから農業資本家を分出してゆく道、いまひとつは「プロシャ型」の道で、農奴主が漸次的に農業資本家に転化してゆくが、前近代的遺制が長期間残存して、社会（人民）は前近代の残存物と資本主義化との絡みあいのなかで長く苦しまねばならないというのです。ドイツのなかでもプロシャはレーニンのいう「プロシャ型」の本場です。ドイツと日本は資本主義化の類型と第二次世界大戦にいたる歴史的運命においてある種の共通性と差異をもっているという点で、ドイツ史は魅力的でした。それに、さきに申しましたように私たちの世代はマルクス主義と近代主義との圧倒的な影響下に研究者の卵になったのですが、レーニンの「二つの道の理論」は後者のすくなくとも一部を包摂する前者の理論として多くのひとに受容されていました。山口さんもそこから出立したのでした。山口さんの最初の論文（「プロシャ農業変革についての一考察」）は、再版農奴制といわれるプロシャの「農民解放」についてそのような問題意識と方法的概念に拠るものでしたが、論文の内容は比較的地味な実証です。

山口さんは経済史の担当者として甲南大学経済学部に赴任されました。爾来ずっとわたくしたちの学部設置の課目としての経済史（経済史概論）・西洋経済史を講義してこられました。山口さんは講義の準備によく気を配っていました。魅力的な声調で大変聴きとりやすい講義だったと仄聞します。彼は亡くなる数年前にも講義ノートを新しく書き改めていました。経済史・西洋経済史の講義のために山口さんは相当な時間を費されたと思われます。

しかし山口さんの関心は、経済史プロパーにではなく、経済史とふかい関連をもってではありますが、学説と思想に向けられました。山口さんの主たる研究業績はマックス・ウェーバーに関するものと、ドイツ社会民主党に関するものとの二系列です。

著作リストをご覧になればわかるように、ウェーバーに関する論文は一九五六年にはじまり計五点、ウェーバーの単独訳が一点、ウェーバー研究書の共訳が一点、その他にウェーバーのアンソロジーの分担訳があります。ウェーバーに対する山口さんの関心は起伏はありながらも持続的でした。研究業績ではありませんが、山口さんが中心になって、一九七九年の七月に甲南大学経済学部、文学部、法学部のウェーバーに関心を寄せる若手研究者たち（後には学外者も参加）の月例読書会を創り、ウェーバー『経済と社会』のなかの「宗教社会学」からはじめて『宗教社会学論集』全三巻を読み続け、第三巻の「古代ユダヤ教」の途中で亡くなられたということは是非お知りおき願いたいことのひとつです。

山口さんのウェーバーに対する関心はそのように持続的であり、宗教社会学にまで及んでいましたけれども、ウェーバー研究の主たる業績は一九五〇年代の後半の数年間に集中しています。恩師の出口勇蔵先生がウェーバーの研究者として著名な業績を早くから発表しておられ、出口研究室の第一期の院生たちはたいていウェーバーをなにほどかは学んだこと、ウェーバーがマルクスとともに青年の多くを惹きつけるフィギュアであったことが、山口さんのウェーバーの勉強の環境としてありました。山口さんのウェーバー研究はさきに述べたドイツ経済史研究に接続する手堅い仕事が中心です。知られているように、ウェーバーは東エルベ（エルベ河以東）のドイツ農業労働者の実態調査（アンケート調査）の依嘱を受けてドイツ社会政策学会に登場したのでした。ウェーバーがそこから得た東エルベの農業の状況と傾向についての結論、それに対するウェーバー自身の政策的提案とそこにみられるウェーバーの方法意識（方法論への出立）は、出口先生が早くに着目しておられました（『経済学と歴史意識』弘文堂、一九四三年、現行版ミネルヴァ書房）。しかしウェーバーの実態調査そのものは、あまりにも厖大であるために当時はまだ手がつけられていませんでした。山口さんの「初期ウェーバーにおける経済政策論」は論文の副題「ウェーバーと東エルベの農業労働者事情」が示すように、大著『東エルベにおける農業労働者事情』（一八九二年）についての研究です。山口さんはこの論文においてアンケート調査の項目と仕組、東エルベのなかでの諸地域の偏差などを手際よく紹介し、かつ、クナップがさきにおこなった調査との関係などをあきらかにしました。それによって「プロシャ型の道」の本場である東エルベの歴史的実像をヨリ具体的に知ることに貢献したといえるでしょう。山口さんはこの仕事の延長ないし副産物としてウェーバーの比較的短い論文『ドイツ農業労働制度』を翻訳しました。

山口さんはそのあと「マックス・ウェーバーのユンカー論」(1)、(2)を書きました。その(1)は一八九〇年代のウェーバーの農業労働制度を扱ったもので前述の論文および翻訳解説とかなり重なりますが、(2)はウェーバーの「プロイセンにおける世襲財産制度についての農業統計的および社会政策的考察」を対象としています。この論文はイギリスの'entail'すなわち貴族の大所有地の一括世襲的相続（限嗣封土権）制度を模倣した法律をドイツに導入しようとする政策案に対するウェーバーの批判論文を検討しています。

山口さんのウェーバー関係の仕事はこの後、著作リストにみられるように数点ありますが、主たる業績は以上の論稿であります。ここで山口さんのウェーバー農業論研究の学界的意義をとりまとめて申しますと、第一に、すでに述べましたように、ウェーバー研究史上の未耕地であった分野の開拓に取組み、ウェーバー研究の裾野を拡げると同時に、いわゆる「プロシャ型の道」の本場の実像を明らかにすることに寄与したことです。第二に、農業政策論（農政論）におけるウェーバーの立場について、それをあまりにラジカルなものとは解釈しないという点です。山口さんによれば、ウェーバーが反ユンカーであることは明白であり、経済的に没落しつつあるユンカーが国政にしがみついて特権的地位を維持しようとしていることを糾弾し、またブルジョワジーの俗物的な貴族化志向をきびしく批判していることは確かであるけれども、何が可能であるかという リアリティに対するウェーバーの見識を見誤ってはならない。ウェーバーの政策提案は、経営的に採算のあうユンカー経営はそのまま残し、採算のあわないユンカー経営に対しては政府が有償で土地を買上げ、そこへ国内植民をおこない、経営能力のある農民に払い下げるという内容である。有償買上げであるからその規模は財源によって制約されるわけである。世襲財産制度についてもウェーバーは能力のある大経営のユンカーに対しては反対していない。したがって、ウェーバーが農業の近代化を目指したことはたしかであるけれども、「プロシャ型の道」を根柢的・全面的に否定して「アメリカ型の道」に切換えることを提案したのではなかった。ウェーバーは、すでに資本主義化の長い道を歩んできている東エルベの現状を認識して、レーニンの概念に則していえば、「プロシャ型の道」の近代的純化を求めたのである。このようなのが山口さんの解釈でした。(実は私も一九五〇年代の末にウェーバーの農政論をテーマに若干の論稿を書きました。ウェーバー農政論の解釈には山口さんと共通するところがありました)。ウェーバー農政論のこのような解釈は、ウェーバーをラジカルな変革のイデオローグとする解釈に対立するものでした。

山口さんのウェーバーに対する態度は畏敬的でした。たとえばウェーバーのナショナリズム——それはウェーバーが生きた現実においては帝国主義の直視と受容の面をもたずにはすみません——に対しても、ウェーバーの反社会主義的立場についても、山口さんは超越的なイデオロギー的批判の筆を走らせることを慎しみ、ウェーバーという超一級の社会科学者の作品の内在的理解に努め、ウェーバー研究史を踏まえたうえで、自分に可能な登り道から、すなわち農政論と経済史の方面から登攀することを心掛けていました。他面、ウェーバーを神格化しかねないウェーバー万能論とは異なっていました。

III

しかし、学界における山口さんは、ウェーバー研究者としてよりも、ドイツ社会民主党の思想史の研究者としての方がよりよく知られています。

山口さんがドイツ社会民主党の思想史をテーマにするようになったのはいつごろであったか。正確なことは分かりませんが、ウェーバーの農業関係の仕事の後、留学中に考えはじめ、帰国後に本格的に取組むようになったのだろうと思います。山口さんは一九六〇年安保闘争の年にオランダ政府奨学生に応募して合格し、一九六一年三月から翌年一一月まで一年九ケ月間、はじめ一年間はオランダのアムステルダム、その後はドイツの奨学金をえてハイデルベルクに留学しました。山口さんは前後四回ドイツ語圏に出かけていますが、このオランダ・西ドイツ留学が期間も一番長く、研究上の意義も大きかったと思われます。山口さんの留学は戦後早期に比べれば楽にはなっていましたが、それでも長期単身での、しかも日本人留学生の稀なオランダへの旅立ちは、自分の求めたこととはいえ、いざとなると少々悲愴であったようです。オランダを選んだ理由は他にもあるでしょうが、ドイツ語が通用し、山口さんはドイツ語の会話にある程度の自信をつけていたからでしょう。山口さんはアムステルダムの社会史国際研究所に通いました。この研究所はマルクス、エンゲルスの原稿をはじめドイツ社会民主党関係の資料を蔵していることで有名です。山口さんは留学前に約束していたH・ガース、W・ミルズ『マックス・ウェーバー』の共訳の仕事を留学に持ちこんでいましたが、ドイツ社会民主党の農業論にも眼を向けたようです。ウェーバーの農業論を一応終えて、同時代のドイツ社会民主党の農業論に関心が向かうのは、同時代の実像を思想の側から読みとろうとするものにとっては自然の流れでもあったでしょう。いま同時代の、と申しましたが、それは一八九〇年代を中心として二〇世紀の初頭まで、長くとって第一次世界大戦を下限とする時期です。留学中の山口さんからの便りに、ウェーバーとマルクス主義（ドイツ社会民主党）の対比研究をテーマに考えていると記されていたことを私は記憶しています。

山口さんがハイデルベルクに移ってＷ・コンツェ教授のところで勉強するようになってからのことですが、同教授に勧められて、フランスのエクス・アン・プロヴァンスで開催された第十二回経済史国際会議に出席し、ドイツ語で「ビュルガーまたはシトワイアン（市民）に対応する日本語の概念史について」という報告をしました。この大会の報告は刊行されて、著作目録にみられる通りです。その内容は、江戸時代の日本の封建的社会構造と城下町、商人都市について述べ、明治維新以前の日本においてはヨーロッパ的意味での「市民」は成立しなかったし、したがってそれに相当する言葉もなかった。明治の開国と資本主義化は市民社会思想の輸入を伴ったが、大正・昭和期における急速な資本主義発展は階級的矛盾を激化させ、そのために「市民社会」化は阻害された。日本における「市民社会」の不在を説明するのには「後れて登場した資本主義」というだけでは不十分であって、宗教的・伝統的社会構造の面に注目しなければならないであろう。――ほぼこのような趣旨の報告でした。この報告には当時わが国で盛んであった「市民社会論」のかなり極端な見解が反映されています。それはともあれ、一九六二年の時点で国際学会においてドイツ語で報告することは稀であり、すくなくとも私たちの分野では先駆的でした。

Ⅳ

山口さんのドイツ社会民主党の思想史的研究は、帰国後に本格化したようです。その成果は一九六五年の「ドイツ社会民主党の農業綱領」を皮切りとして一九七〇年までに五点の論文とW・アーベントロート『ドイツ社会民主党小史』の共訳が活字になりました。一九五〇年代の後半がウェーバー農業論の連作の時期であったのに対して六〇年代の後半はドイツ社会民主党研究の発表の時期でした。

山口さんはウェーバーに対してはイデオロギー的批判を抑制して畏敬的でした。それに比べてSPD（ドイツ社会民主党の略称）に対しては自由で開放的な態度でアプローチしています。そのようでありえたのは、SPDが結局は敗北した党であり、また党の理論家たちの間にはウェーバーほどの超一級の学者、レーニンほどの革命家もいなかった、ということによるところが大でしよう。

さて山口さんのSPD連作の学問的メリットに移りますと、つぎの諸点を挙げることができます。

(1)　一八九〇年代のSPDが当面した社会的環境と党内事情との簡潔な記述。一八九〇年代の初頭に社会主義者鎮圧法とビスマルクから解放されたドイツ社会のなかで、SPDは帝国議会の議席と党員数を拡大して躍進する。だがやがて党勢拡大は頭打ちになり、新しい時代状況に対する認識と党の姿勢が問われることになる。一八九〇年代のドイツ社会の構造、ヴィルヘルム二世の不安定な政治路線などは山口さんの創見ではなく、知られていたことがらであるけれども、山口さんの記述は視覚的であり、とりわけ党内の論争描写には読者に臨場感を抱かせるところがあります。

(2)　山口さんのSPD論は、党中央の幹部に対してきびしく批判的であり、理論的には教条主義的で実践的には組織維持第一主義的な幹部に対する党内右派および左派に同情的です。まず右派についていうと、ベルンシュタインの修正主義とそれに対するカウツキーの正統主義との対立（修正主義論争、一八九八―九九年）は一応周知に属するが、山口さんは修正主義の発端を一八九四年、九五年の党大会におけるシェーンランク、フォルマール提案の農民保護政策をめぐる論争に求めて、その経緯を紹介しています。南ドイツのバイエルンにおいて出てきたのは、党が農民の間に勢力を拡げるのに「エルフルト綱領」では不十分だという問題があった。「綱領」は資本主義の発展法則として中間層（農民・手工業者）の両極分解を言うだけで、農民の現実的要求に応えるものをもっていない。農民が零落してプロレタリア化してはじめてわが党の陣営に加わるというのでは農民に対する党の魅力は全くないであろう。現実を直視すれば、農民のほうが農業プロレタリアートより数も多いし、知的・文化的にもすぐれている。党は零細な農業経営者としての農民を保護するような、低利資金の融資制度などの要求をふくむ「農業綱領」をもたなければならない。これがシェーンランク、フォルマールらの提案であったのだが、この「農業綱領」案は九四年大会で一度可決された後、九五年大会ではカウツキーらが「農業綱領」は「エルフルト綱領」の原則に対する違反だと主張し、かれらの反対提案が勝って「農業綱領」は葬りさられた。山口さんはこの過程を党大会議事録（プロトコル）という第一次史料を使用して描写しています。

(3)　山口さんは党中央に対する左派からの批判により多くの同感をもち、より多くの紙量を費しています。わが国で山口さんがはじめて堀起こして考察の対象としたのがパルヴス（本名はA・I・ヘルファント、一八六七―一九二四年）という特異な人物の思想です。パルヴスはロシアのミンスク県のユダヤ人手工業者の子で、ユダヤ人迫害の被害者たる体験をもち、ナロードニキの革命組織に所属していましたが、チューリヒへの旅行でマルクス主義を知り、バーゼル大学で学び、一八九一年にSPDに入党しました。当時はまだロシアにはマルクス主義の小さいサークルがあっただけですし、ロシア人やポーランド人（多くはユダヤ系）でマルクス主義にあこがれたひとたちは、世界的変革の前衛組織と思われたSPDに入党したのでした。ポーランド出身のローザ・ルクセンブルクもそうでした。かれらは党内でオストロイテ（東方のひと）と呼ばれ、少数のドイツ人党員とともに、党の急進派（左派）を形成しました。右派（修正派）の総帥ベルンシュタインがイギリスに長く滞在した体験を基礎にしてマルクス主義の修正を指向したのと対照的です。かれらは苛酷な弾圧のもとで地下組織と運動で鍛えられた革命家たちであり、かれらにはＳＰＤが合法的政党としての組織維持と教条主義によって革命的前衛党の精神を喪失しつつあるように見えて我慢できませんでした。山口さんは急進派とくにパルヴスの眼に映じたＳＰＤの状態を巧みに記述しています。

(4)　パルヴスは一九〇一年という早い時点において、独自の世界市場論を書きました。かれの世界市場論は世界資本主義論と言い換えてもよいものですが、その要点はつぎのようです。先進資本主義国の商品および資本輸出の拡大は流通圏を世界の後進地帯に及ぼしていって、世界市場を形成してゆく。その流通圏に引き入れられた後進国は、さしあたり先進国から工業製品を輸入し農産物を輸出する関係におかれるが、それによって農産物の国際価格は、先進国の農産物価格を以前に比べて引下げ、後進国の農産物価格を引上げる。そのため後進国の側に農産物価格の上昇からえられる剰余がうまれ、これが工業化の原資となって資本主義諸国への仲間入りが可能となる。そして国際的流通圏がさらに拡大するとさらに後進国な地帯がそのなかに引きこまれて、さきと同じような現象が起きる。世界市場はこのような均衡とその破壊、新しい均衡化へという律動的な「波状運動」の拡大を描き、新興資本主義諸国の擡頭は資本主義諸国間の経済的な力関係を変化させてやまない。これがパルヴズの世界市場論の基本的論議です。そしてこの世界市場論を踏まえてかれの革命論と帝国主義論が展開されました。

(5) パルヴスは革命の発火点をロシアに見ました。ロシアは世界市場の拡大してゆく波状運動のなかにおいて、一八九〇年以降工業の躍進がある。しかし大飢饉に見舞われる飢えた農村があり、諸矛盾のもとに無定型的な起爆力をもつ抗議と変革のエネルギーが蓄積されている。ロシア人民のこのエネルギーとドイツ（SPD）の文明と組織力が結合されねばならない。ロシアのツァーリズム打倒の変革は、ブルジョワジーを長く権力の座につかせることはありえず、ブルジョワ革命はプロレタリア革命に連続的に移行する。むしろブルジョワ革命の課題をブルジョワジーではなくてプロレタリアートが主体となって遂行してプロレタリア革命に突走る。ロシア革命の烽火は西方とくにドイツに火をつけて世界的変革を生起させる。……これはトロツキーの名によって知られる永続革命（永久革命）論であるが、パルヴスはトロツキーに先立って、一九〇五年革命の当初において永続革命の構想を提起していた。

(6) 世界市場論の視点からすると帝国主義的諸現象はどのように解釈されるのでしょうか。パルヴスは植民地獲得とその再分割、高度の保護主義的関税政策、軍備の拡張と軍国主義的侵略傾向の増勢など、世紀の変り目の前後から顕著化した帝国主義を、後進国の資本主義化と追いあげによる世界市場の波状運動に対して先進国が強力によって自然生的な経済法則を阻止しようとすることによって必然化される現象である、と解釈します。このような要約は、山口さんが詳しく紹介しているパルヴスの議論を私がいささか強引に単純化して述べたきらいがありますが、関心をもたれる方はぜひ山口さんの書物を読んでください。パルヴスの帝国主義論がカウツキーともレーニンとも異なっていることは明らかです。

V

山口さんはSPD関係の連作を前篇とし、さきのウェーバーの農業論の連作を後篇とし、若干の添削を施し、序説的な新稿の第一章を加えて、『ドイツ社会思想史研究』(ミネルヴァ書房、一九七四年二月)にまとめました。山口さんはこの書物によって京都大学経済学博士の学位を受けられました。書評も順調で私の知るかぎりで六点の書評が出ました。いま私の手許にあるのはそのうちの四点ですが、いずれもSPDとくにパルヴスの発掘を評価し、マルクス主義の展開史の新しい研究として賞讃の言葉を呈しています。ウェーバー論に対しては意見が分かれ、また、前篇(SPD論)と後篇(ウェーバー論)とが有機的に結合されていないという難点の指摘もありました。しかし長い年月をかけたしっかりした研究書ということでは評者の意見は一致しています。

山口さんは書物の刊行後も、著作目録にみられるように、ウェーバーに関する論文、翻訳、SPDおよびその周辺について書き、また入門書の分担執筆をしています。山口さんはその早い死によって実行されなかったが、五月三十一日の経済学史学会関西部会大会（立命館大学）の共通論題「マルクス主義の展開の諸相」の司会者に予定されていました。山口さんはこの分野の先輩として認められていたわけです。

しかし率直に申しますと、『ドイツ社会思想史研究』以後の山口さんの仕事には、かつての連作のような力が感じられません。以前の労作の書きなおしか、あるいは新しいテーマを求めながらの未完的な単発稿です。翻訳の仕事は読みやすく有益ですが、山口さんの研究者としての力を知るものにとっては、それらだけではやはり物足りません。私の知るかぎり、山口さんは『ドイツ社会思想史研究』で自足したのでは決してありません。山口さんは書物の刊行直後から、新しいテーマ、より大きな仕事をしようとむしろ焦っていました。そして、生活史としての社会史に眼を向けたり、資本主義的世界の周辺地域に関心をもったり、一八世紀ドイツの思想とくにユスツス・メーザーの文献を集めて取り組もうとしたりしていました。しかし残念なことにここ数年間、山口さんは体調の安定を欠いておられました。山口さんの意外に早い死去によって、わずかですが年長の私が追悼会で山口さんについて語らねばならないのは何としても残念なことです。

山口さんと私は同世代人であり、しかもたいへん近しい関係にありました。しかし率直に申して気質のちがいといったこともあり、近くて遠い面のあったことも事実です。研究者としての山口さんのライフ・サイクルと業績を顧みると、その両面に想い到ります。山口さんは知的に敏感で心情的で傷つきやすい神経の持主でした。さきに申しましたように山口さんが研究者の卵であった時期はマルクス主義とそれに近接的な近代主義の支配的環境の時期でした。それを素養として出発した山口さんは一九五〇年代後半から一九七〇年代のはじめ、ほぼ大学紛争の終末期に至る時期の研究者としての青壮年を迎えました。経済の成長と繁栄は反体制思想を解体する方向に作用しますけれども、アメリカのヴェトナム戦争その他、反体制思想を逆に活性化する国際的契機も存在し、反体制思想の多極化という直接的な思想環境のなかで、山口さんは自分の素養と心情に合ったテーマ、SPDとくにパルヴスをつかまえてよい仕事をしました。大学紛争は多くの研究者を傷つけ、いろいろな意味で反省を強いもしましたが、大学紛争末期の新左翼の思想的解体に情緒的な山口さんはふかく傷ついたと思います。そこから何としてもしっかりと立直って、より広い視野、より深い研究に向かってほしかった。山口さんはたしかにいろいろな模索をしました。しかし残念なことに模索がテーマの定着に到りつきませんでした。

しかし振返って研究者としての山口さんの業績をみますと、多作とは決していえないけれども、粗雑な書きものはほとんどなく、後の研究者が継承すべき、あるいは踏み台となりうる実質を備えたものがあります。きらりと光る論述があります。山口さんは敏感で理解のすばやいひとでしたが、書くことには神経質に過ぎるほど時間をかけていました。読むものにとって読みやすく、また問題点の所在を明らかに示唆してくれる作品を遺してくれました。山口さんの研究者としての盛期は長くはなかったけれども、研究の充実感をもって生きる時期をもちえたことは、研究者としての幸せであったと思います。

〔『甲南経済学論集』第二四巻五号、一九八七年三月(「山口和男教授追悼記念論集」)〕

＊本書に収めるについて、『甲南経済学論集』に載せたものを若干削減した。他の稿に比べて長大に過ぎているからである。文中に出てくる「著作リスト」は『甲南経済学論集』の同号にある。
(一九九〇年九月八日)

16　友人・増田光吉君

一九八八年一二月九日（金）午後
甲南大学・甲南大学文学部共催　故増田光吉教授追悼学術講演会、於甲南大学一〇号館一〇一二講義室

ただいまご紹介にあずかった田中真晴です。私はすでに告別式で友人代表として弔辞を読ませていただいておりまして、それ以上のことを申上げることはできません。ただ、増田光吉君が甲南大学に赴任する以前のこと、増田君の本来の青春については、今日ここに列席しておられる皆様方はご存知ないと思いますので、私の記憶のあやふやなところを奥様や古くからの友人に尋ねあわせ、いくらか補修して、まずまず大きな誤りはなかろうと思うことどもをお話して、故人を偲ぶよすがとさせていただきたいと存じます。

故人と私との交友関係は、昭和一七年（一九四二年）の春、旧制第三高等学校の文科甲類一組

（文甲一）の同級生になったときに始まります。このクラスには現在甲南大学経済学部の同僚である清水義夫教授、同学年の理科には現学長の湯浅一経先生、現理学部長の伊藤昇先生もおられました。昭和一七年といえば、十五年戦争のなかでも太平洋戦争がその前年の暮からはじまっており、私たちが三高に入学して間もなく、戦況は逆調になり、食糧も次第に乏しくなり、物心両面において戦時統制がきびしさを加えていたのですが、それでも旧制三高には、当時の社会一般とは違った自由の伝統、個人の自由を尊重する知的雰囲気がいまなお生きていました。旧制中学校の軍隊的規律と受験勉強から解放されて、別世界に入った思いがありました。それは、破滅に向かいつつある大状況のなかのオアシス的小状況の場でありました。ただし、そのオアシスにおいても、マルクス主義的社会科学はほぼ完全に姿を消していました。わたくしたちは文学か観念哲学に向かいました。私は三高に入学してはじめて文学書や哲学書を読みはじめたのですが、増田君は中学生時代からすでに文学青年の傾向を示していたようです。増田君はすぐに寮（自由寮——この名は昭和一九年四月まで持ちこたえました）に入りました。

寮には毎年の寮祭に各部屋が演劇の出し物を競い、趣好をこらしました。増田君は演出を得意とし、他の部屋からも招かれて振付け、演技指導までやりました。泉鏡花の『歌行燈』の上演で、かれが盲目の按摩をやってみせたとき、いまは京都大学の名誉教授の某氏は、鬼気迫るかれの演技に、おびえて色を失ったというエピソードがあります。『歌行燈』をお読みになった方はお分かりでしょうが、この上演には謡曲、仕舞、小鼓を欠くことができません。増田君は何とかそれらを仕込んだのでした。謡曲についてはすでにすこし習っていたようです。

その後のことになりますが、増田君は甲南大学に昭和二七年に赴任した直後のころから善竹忠一郎師について狂言を十数番習ったそうです。そして、摂津祭（甲南大の大学祭）で学生たちにまじって「魚説法」「萩大名」に出演したそうです。上下を着けて忠一郎師の横に端座している写真が残っています。惜しいことに三年ほどでお終いになったそうですが。チャンスの有無にもよりますが、能ではなく狂言に入っていったところに、増田君らしさがあると思いますが、話をもとに戻しましょう。

三高時代の増田君は演劇や抒情詩に傾倒する青年でした。抒情詩の詩稿はきっとノートに書きとめられているはずです。抒情詩に熱中していたことをいわれると、後年の増田君は大いに照れて嫌がりました。三高生時代の増田君は、やせて青白く、角ばったというかちょっと削いだような風貌のうちに純潔さを湛えていました。

私たちの三高在学中にあの学徒出陣があり、文科の同級生のうち年輩者は教室から消えました。増田君や私などはそのさいは教室に残り、書類の提出だけで入試もなく大学へ進んだのですが、敗戦の年の一月に増田君が、四月には私が現役入隊し、内地にいて帝国軍隊の苛酷さを味わいましたが、ともに病気や怪我で役立たずの最後の弱兵として敗戦を迎え、学窓にもどりました。増田君は東大文学部の心理学科に在籍していましたが、敗戦直後の東京での生活難のために、西宮市に自宅のあるかれは、京大文学部哲学科（社会学専攻）に転じました。心理学から社会学への移行には、軍隊の体験でいかに社会の在り方によって個人の心理が歪められるかを痛感したから、ということによると語ってもいました。

さて、増田君は京都で私の自宅のすぐ近くに下宿しました。増田君とのもっとも親密な交際はかれが京都大学に転じた昭和二一年の四月から、かれが甲南大学に赴任して京都を去る昭和二七年の春まで、かれの大学生時代と大学院生（特別研究生）の時期の全部にわたりました。私にはこの期間の増田君のイメージがもっとも鮮やかです。

わたくしたちは人生二十五年と諦めていたのに、敗戦によって無限定のいのちを得ました。旧制度がガラガラと音をたてて解体してゆく解放期のなかで、精神の昂揚を実感しつつ生きていました。そうはいっても、京都は東京ほどではなくても、やはり学生の下宿生活は容易ではなく、増田君はアルバイトに多くの時間をとられながら勉強していました。しかし実にこの時期に、増田君はめざましい力を発揮しはじめました。このころ、もと三高の同級生で近くに住んでいた東洋史学の岩見宏君（現神戸大学名誉教授）、私の小学校の同級生で日本史学の門脇禎二君（現京都府立大学学長）らとしばしば読書会を開いて、人生論から現代論にいたる幅広いテーマで議論して楽しんでいました。やがて、その輪をもっと拡げて青年会を作ろうという話になりました。いま思うと、わたくしたちには少々いい気な啓蒙家的自負があり、はじめて解禁された男女交際の魅力もあって、近隣の同年輩およびすこし若い青年男女に呼びかけて、青年会を創りました。政党の働きかけなどとは全く別種のノンポリ集団でした。青年会の催しは二週に一度、ときには毎週の読書会——定めた書物の合評会あるいは戯曲の役割を分担しての音読——、会誌（「大将軍青年会」）を発行して会員の書きものを掲載すること、ときには講師を招いて座談会を催すこと、それから、ときどき日帰りの遠足を楽しむことなどでした。いってみれば「青い山脈」風の若い活気に溢れていました。しかし知的な要素のつよい会でした。この会は増田君が京都を去る昭和二七年ごろにはすでに自然消滅の形になりましたが、はじめの数年間、増田君は眼をみはるような企画力、組織力、実行力を発揮しました。彼は相手が誰であっても、男であろうが女であろうが、年長者であろうが若いひとであろうが、相手の気質、教養、年齢に応じて、対等の話し合いができて、相手を納得させずにはおかない応待の妙を心得ていました。そして実際誰に対しても親切でした。私の母なども、増田さんのお話は面白いといって喜んでいました。下宿している家主さんからも好まれていました。しかし彼はケジメははっきりしており、厳しい批判の姿勢も保持していました。彼の筆蹟で「昭和二一年一二月一九日夜、大将軍青年会演劇班、シング作『海に騎り行く人々』上演。演出、増田光吉、於大将軍小学校講堂」と記した写真が残っています。その写真には演出家増田光吉君は学生の制服で、他の男女あわせて九名はそれぞれ扮装して、バックの装飾とともに写っています。当時の大将軍青年会の華々しい活躍をリードしている増田君の雄姿を偲ぶに足る写真です。

このような増田君でしたから、青年会の女性たちに当然人気があり、尊敬とあこがれの的でした。あるとき、私がその点での不遇を嘆くと、かれは真面目な顔をして平然と言ったものです。それは不思議でも何でもない。主体的および客観的条件から容易に説明できる。まず本人の総合的魅力の点で、ぼくと君とでは相当にひらきがある。客観的条件においては、君は女性からみればケムタク、コワイ母上と同居であり、ぼくは下宿で一人住まいの自由人だ。だからいさぎよく諦めたまえ、と。とりいそいで申し添えますが、増田君には謹厳な一面があり、純潔でありました。

わたくしたちは青年会だけに没頭していたわけではありません。あのころはよく遊びもしましたが、よく勉強もしました。しかも増田君はアルバイトに少なからぬ精力と時間を奪われながらです。勉強の方では増田君は、マッキーヴァやタルドを読んでいました。社会学と心理学を結びつけたいという志をもって、ゲシュタルト心理学に取組んでもいました。マックス・ウェーバーにも一時かなり傾倒したこともあったようですが、全体としていえば、形式社会学よりも、具体的、経験的、身辺的な人間関係や形象を対象とする方に惹かれていました。後年、家族社会学をテーマとするようになる素地は学生・院生時代に築かれていました。マルクスとウェーバーというような壮大な大体系の対置や学説史にではなく、身近で具体的なものに彼は向いていました。

わたくしたちは、意気軒昂としていて、聴講してきた講義について、よく悪口を言っていました。なんだ、あんなことで教授が勤まるのならラクなものだ。あんな講義でいいのなら、ひとつわれわれも教授になろうではないか、などと。こういう自惚れが、まさにおのれを知らざるものの言であることは、自分自身が論文を書く段になって忽ちあきらかになりました。わたくしたちは、一流あるいは超一流の思想家や学者の著作を基準にして、先生たちを測っていたのです。そしてまさに自分自身の力量を論文において試されることになると、とりわけ三〇歳ごろには、果して自分はまともな研究者になれるのかどうかと悩むことになります。

話をもとに戻して、京都在住時代の増田君について想い出すことのひとつは、食糧不足、カネも欠乏という時期に、彼が当時はじめて市場に姿を現した電気カミソリ器を買ったことです。私などが電気カミソリ器を手にしたのはそれからかなり後のことでした。彼は、不器用な私が安全カミソリという必ずしも安全ではないカミソリ器で、小さい傷が絶えないのを批判して、電気カミソリの便利さ、優越性を得々と説いたものです。彼は機器の類に難なく親しむところがありました。後にかれはいちはやくSBカレーの広告用のクルマを入手し乗っていたこと、コンピューターやワープロにも早くに親しんだこと、そういう発展のはじまりが電気カミソリ器であったわけでしょう。

いまひとつは、わたくしたちの仲間のあいだでは最初に、「ジャズは素晴らしい」と言いだしたことです。私たちの仲間はシャンソン、リートを好み、ジャズには拒否反応を示していました。増田君自身もシューベルトのリートが好きでよく口ずさんでいました。しかし彼はアメリカ的なものに親しもうとしないわたくしたちの間にあって、西欧憧憬から一歩ぬき出て、アメリカ的なもののよさを素直に受容れた最初のひとでした。これは、かれが壮大なものよりは身辺的で親しめるものを好んだことに通じます。かれは絵画ならレオナルド・ダ・ヴィンチやミケランジェロ、音楽ならワーグナーかマーラーでなければ収まらぬ、といった人種には属していませんでした。かれはハーモニカを巧みに吹きこなして楽しんでいました。さきにすこし触れましたが、かれが狂言を習って演じてもみせたことをもあわせて想い浮かべて下さい。かれは幽玄を理解しなかったわけではないが、それよりも庶民の健康な笑いの芸に惹かれたのでした。

増田君が甲南大学に赴任してからは、それまでのような、ほとんど毎日会い、銭湯へ行けば銭湯でえんえんと話しこむ、というような交際は当然できなくなりました。しかし三高の同級生で関西で大学の教師をしている数名がアカデミシャン会ならぬアカンデミシャン会なるものをつくり、有馬、奈良大和、淡路島などへ一泊の小旅行を年一度催すことが、それからかなり長い間つづきました。この小旅行においても、増田君は企画、組織、運営に力を発揮して、皆を楽しませてくれました。その小旅行のさいにかれが語った話しで忘れえぬものがあります。増田君は甲南へ赴任して、しばらくは研究テーマに迷いましたが、やがてテーマとしては家族、方法としては調査を身につけてゆきました。身分をかくして西成の愛隣地区に寝泊りして調査をしたという話を聞きました。

彼は家族社会学をテーマにしたのでしたが、実生活において家族、家庭を大変大切にする人でした。甲南大学に赴任した翌年の昭和二八年春にかれは結婚しました。はじめはご両親と一緒で、弟妹五人の長兄であり、八人同居の生活からはじまり、やがて住吉の甲南住宅に移って新居を構えたのですが、それも三年足らずで父君のご病気のため同居生活に戻りました。奥様のご苦労も大変だったろうと推察しますが、増田君は事実上の家長として、その大家族のそれぞれに配慮し、やがて弟妹の方たちがそれぞれそこから巣立ってゆかれました。かれは家族社会学の研究者であるだけでなく、家族愛のひとでした。実はふかく家族を愛する人であるがゆえに家族社会学をテーマにしたのだ、というべきでしょう。

青春時代の増田君に限定してお話する予定であったのが、思わず甲南大学赴任以後の時期に入りこんでしまいましたが、いますこし、友人からみたその後の時期の増田君の話をつづけさせていただきます。

さきにお話したことですでに一部は明らかですが、私たちの仲間のなかでは増田君はアメリカに対する偏見のなさの点で異色でした。私たちは西欧に対する崇拝憧憬とうらはらに、アメリカを毛嫌いしていました。それにはアメリカのヴェトナム戦争という、それ自体現在からみても正に非難に値する政治的現実もあったのですが、文化に対しても長く親しみを覚えませんでした。ですから、増田君がアメリカ国務省の招待を受けてアメリカへ出かけたとき（昭和四二年一二月から翌年三月まで）、わたくしたちはいささか憮然たるものがありました。しかしこの旅を増田君はフルに活用しました。滞米のはじめ一ヶ月半、寒いミシガン大学で英語のカンヅメ教育を進んで受け、英語を何とか使えるものにしてから、アメリカの多くの場所の多くの家庭を訪問し、ホームステイで親交を深め、注意深い聴きとりと観察で、そして何よりも彼の持ち味の人をそらさぬ温い態度で、アメリカの家族について知見を深めて帰国しました。そしてまとめあげたのが『アメリカの家族・日本の家族』（NHKブックス、昭和四四年一一月。〔追記、平成二年一月に四二版〕）です。名著の名に恥じぬ書物で、その一部が現代国語の教科書（三省堂）に掲載されたり、外国人留学生を対象とした『中級からの英語』に使われたりして、国民的な書物になりました。

増田君のアメリカ訪問はその後昭和四九年から五〇年にかけて、甲南大学の在外研究員としてミネソタ大学ファミリー・スタディ・センター滞在というかたちでおこなわれました。甲南イリノイ・センターの創設は、誰しも知るように主として増田君の苦心と努力にもっとも多く負うています。かれは滞米中にその準備を整えたのでした。ただ、このアメリカ訪問に出発する直前に、増田君は軽い心筋梗塞に襲われました。そのときはすぐによくなり滞米中支障はなかったのですが、想えばこれがかれの死への伏線になったのではないでしょうか。

昭和五一年四月から三年間、増田君は文学部長を勤めました。そのうちの一年間は私も経済学部長として、部局長会議に同席しました。図書館司書資格取得のための措置などについてかれと意見が対立し、激論したことなども、いまは帰らぬ思い出のひとつです。かれは学部長としてきわめて意欲的で、推薦入学制度を全学にさきがけて文学部に導入し、イリノイ・センターの充実を計るなど、実によく仕事をして、感心させられました。

増田君は昭和五八年四月、アメリカからの招待で、三度びアメリカに旅立ったのですが、飛行中に脳梗塞を起こして入院、一ヶ月ほどして帰国入院、今度は誰の眼にもわかるダメージを受けました。その後、左半身の不自由に加えて喘息が出るなど、いちじるしく傷つきました。この傷ついた増田君は、奥様の愛情に満ち、ゆきとどいた配慮の看護に支えられて、それからの五年余り可能なかぎりの生を生きました。コンピューター、ワープロを購入して使用に習熟して活用しました。かれの監訳になる『ブレンヴィルＵＳＡ』はそれによって出来上り、また「家族」「婚姻」などの長文の事典項目を脱稿しました。

彼はもともと人に語りかけることが好きで得意でもあり、聴講者にも楽しく自らにも楽しく講義することができました。講義の準備は周到にされていました。増田君の講義は名講義として甲南大学では知られています。とりわけ、昭和五八年に健康に大きなヒビが入り、それから何とか立ち直ったのちは、講義が増田君の何よりの生き甲斐になっていたようです。この増田君を援け、支えられた奥様のご配慮はまことに絶大でした。私は時折増田君の研究室を訪ね、そこにいらっしゃる奥様と三人で話しこんだり、ご馳走になったり、また三人で夕食に出かけたりしました。それは楽しいひとときではありました。しかしこの小春日和は、かつての青春時代の本物の春の日とは異なって、かげのあるものでした。私たちはもはや大きな夢を語ることなく、話題はとかく青春の日の回顧に傾きました。そして、もはやお互に徹底的に批判しあうことはありませんでした。

（一九九二年一二月二七日加筆脱稿）

17　兵頭泰三君を偲ぶ

兵頭《ひょうどう》君とは旧制三高の同級生であったが、彼は結核で数年間休学した後、復学して同級生になったのだから、大分年長でもあり、この年頃の四、五年差は違いが大きいから、彼は若い同級生のなかには溶けこめずに孤独でいたように思う。後年親しくなってから聞いたのだが、かれは療養中に夏は比叡山の寺で過したりしていて、その間に大変多くの文学書や歴史書を読んでいた。かれの基礎教養はその間に培われたらしい。すでに病床についてからのことであるが、司馬遼太郎の『街道を行く』を読むのだけが楽しみだ、と電話で言っていた。かれの素質と好みからすれば、国文学あたりを専攻するのが適していたであろうし、彼自身もそう洩らしていたことがある。しかし父上などの意向からか京大法学部へ進んだ。もっとも当時の常識では文学部へ行ったら将来の生活が大変だということで、私なども文学部志望を断念して経済学部に変更したのであった。兵頭君は行政学のゼミに入ったのだが、大学院にかなり長くいたあと、新設の教育学部に迎えられて教育行政学を講義することになった。率直に言ってこれは彼に向いていたとは思えない。彼は音楽、絵画、文学や歴史書についての高い鑑賞眼をもった人であった。この二つのことが合わさって、かれは自分の書き物に対してたいへん厳しい評価を下す人であり、それが寡作の主因であったと私は思っている。いつだったか、彼は論文執筆に苦労していたとき、「読み返してみるとどの文章もバッタバッタと討死しているヮ」と嘆いていた。彼は自分の知識をひけらかすような人物では決してなかったが、あるとき、『大鏡』はほんとうに面白いと言うのを聞いて、教育行政学の専攻者がそんなものまで読んでいるのかと驚かされたことがある。また、アリストテレスは随分前に読んだのだが、学問とはこういうものかと感心した、とも洩らしていた。

絵画の鑑賞力についてはこんなことが想い出される。彼も私も在外研究員としてロンドンの地に一年間滞在したのだが、ロンドン大学付属美術館にあるゴーギャンは、ゴーギャンの作品の中でも秀抜で、あれこそが真のゴーギャンだと言った。私はといえば、ゴーギャンが展示のなかにあったことしか覚えていない。クラシック音楽についての造詣も深かったようだが、私がその方面に暗いことを察知して、私には音楽の話はしなかった。

一九六九年はじめ、学園紛争は京大を捲きこんだ。京大の紛争は経済学部助手の竹本信弘に自衛官殺害事件容疑で逮捕状が出、その直前に竹本が姿を消したことをめぐって、異常に長引いた。経済学部は文部省からの竹本は出勤しているかという度重なる回答要求を出来る限り無視して、給料を払い続けたが、行方不明が数ヶ月にわたるに至り、ついに竹本処分（分限解雇処分）を評議会に上申した。この件については本書に収めた「辞任の弁と現在」で述べてあるので詳細は略する。評議会というものは平穏なときには形式的な規則改訂などの処理できわめて退屈な会議であるが、大学の最高決定機構なので、こういうシリアスな問題が上程されると様相は一変する。評議会は共闘派のターゲットとなり、各評議員も個々に共闘派の追求を受けた。評議会は学内では開けなくなり、学外の羽田記念会館（学外だと警察が警備してくれる）で行われた。事件の火元である経済学部は、法学部を除いて皆から敵視された。共闘派の圧力を受けて、経済学部評議員には処分上申の不備を衝こうとする意地のわるい質問が相次いだ。折悪くその時たまたま私は経済学部の評議員のひとりであり、兵頭君は教育学部の評議員であった。神経的に参ってふらふらになっている私を評議会のあと、加茂川堤の散歩に誘って、親切にいろいろの忠言や情報を与えてくれた。「田中氏よ」――彼は友人にも学生にも氏をつけて呼ぶ癖があった――「真夜中でもよい。弱ったことがあれば電話してくれ。しゃべるだけでも幾分かはマシになるよ」とも言ってくれた。私はこの加茂川堤のぶらぶら歩きを生涯忘れないであろう。兵頭君は心の温かい人であった。そのあと兵頭君は教育学部長に選ばれ、学園紛争のための過労でかなり重い病気になった。

三高時代の他の友人たち数名で、永源寺の鮎を食べに出かけたりした。紛争の前にも、紛争後にも何回かそういうことがあった。だから彼が酒をうまそうに飲み、美食を愛することは知っていた。しかし私たちの会合で彼が度を過して飲んだり、崩れたりすることは一度もなかった。しかし、かれの歿後、奥様が彼の旧友たちとゼミOB生たちを招いて、お別れ会をホテルで催されたとき、ゼミOB生たちが一人ならず彼の呑み歩きぶりと教育における厳しさの想い出話をしたのを耳にして、わたくしたちには全く見せなかった彼の一面を知って意外であった。

兵頭君はまず足が弱り、食べ物にむせるようになって、私たちの前に現れなくなった。奥様に入院先を聞いたが、見舞はお断りせよといわれていると言って、病院を教えて貰えなかった。年余に及ぶ入院のあと、晩秋に突然奥様から電話があって入院先が告げられた。これは見舞の許だと思って早速参上した。奥様も居られた。彼の入院後ずっと奥様は病院で添きそって泊っておられるとのこと。奥様は幼稚園の園長として多忙でもあるのに。兵頭君は痩せ衰えて、鼻にはチューブが入れられていた。彼は私を識別するなり、「まあまあ、こんな姿を見せて」と言って情無さそうにした。彼は彼流のスタイリストであった。しかしすぐに「田中氏も独りで大変だなあ」とかれは相手に対する労りを忘れなかった。「その点、君は奥様の手厚い看護が受けられて幸せだよ」「そういえばそうだが、死ぬ時はひとりで死ぬことには変りないよ。」私は早々に辞した。その後しばらくして奥様から「主人が亡くなりました」という通知を受けた。

兵頭君は大きな体格をした人で、すこし日本人離れの彫りの深い風貌であった。彼はマルクス主義にはあまり関心を示さなかった。しかし文部省の教育行政には批判的であり、権力は常に疑わしいものという信念をもっていた。

（兵頭泰三君は一九九五年一二月二九日逝去。同三一日告別式、翌年一月二八日に奥様のお招きで新阪急ホテルで「偲ぶ会」があった。本稿はそのときに指名されて行った短いスピーチを拡げたものである。一九九七年八月六日稿）

Ⅳ

18　謡曲十八年生の感想

種田道雄先生に謡曲を習いはじめたのが昭和三六年の春だから、一八年に近い。中年からの入門である。その間、長期欠席は留学と学園紛争で一年半ほど、あとはときに休むことはあるが続いている。観能は金剛定期能が主で年三、四回程度、ただし一、二曲を観て帰ることが多い。春秋の星友社の大会、新春と夏の星和会にも、やむをえない所用のときのほかは出席し、また、好きな曲をときどきひとりで謡っているから、まずは勤勉なほうであろう。こういう謡歴のものとして、若干の感想や希望を述べて、先生方や流友の方たちのご参考に供し、また、ご意見を承りたいと思う。

(1)　曲目には奥伝から五級にいたる格付けがあり、初伝以上には免状がある。免状の是非については、ここでは触れない。ここで問題にしたいのは、曲目の格付けが、能を基準としていて、謡の難易には当てはまらないことが多いことである。能に獅子がでるというので重習になっているが、謡は比較的やさしかったり、逆に三級の東北など難しい。(東北は能としても決してやさしくないと思うが）謡は能のひとつの構成要素であるが、相対的に独立している面があり、謡としての難易、習順を別にきめるのがよいと思う。

(2)　謡は男女を区別して、いっしょに謡わないしきたりになっている。これは封建的モラルを別にすれば、謡の男声と女声とは調和しないとされているからであり、先生は女声に合わすばあいには、逆に一段声を低くして謡われる。わたくしは男声と女声とが調和しないという一般論に疑問をもっている。わたくしの声がやや高いためかも知れないけれども、叔母たちと同吟が可能である。一歩譲って、同吟には難があるとしても、役柄を分担することは十分可能であり、同吟は男声または女声だけにすればよい。すこし工夫すれば、謡の面白さの幅が増えると思う。

(3)　習いはじめて十年以上経って、やっと定期能の曲目の三分の二ぐらいが習った曲になる。観能でも謡会でも、やはり習った曲で、あらすじの分っているのでないと楽しみにくい。もっと短い期間に、ざっと一通り終える仕方はどうか。はじめの数年は別として、そのあとは速いテンポで百番ぐらいまであげて、それからいまいちど、軸になる基本曲をみっちりやるというのはどうだろうか。

(4)　どんなひとでも、はじめは全領域の声が出ない。わたくしなど、下音からはじまる弱吟のクセを、その前からつづけてではなく、クセから謡いはじめて上音が可能になるのに、十年以上かかったと思う。謡ではメロディよりもむしろリズムが難しく、後者は拍子とはこびの問題であり、曲趣・役柄・場面の理解につながり、そこに面白さがあるわけだが、やはり技術が伴わなくては楽しめない。ところが、自分のいまの障壁はなになのか、そのうちのどれは年期上致し方なく、また、どの点は割合矯正可能なのか、大体の平均的な標準が示されていて、それによって指摘していただくと、進歩に便宜だと思う。

(5)　はじめのうち、気になって仕方なかったのは、意味のわからぬことを謡っていることであった。曲のストーリーにも分りかねるものがある。じじつ、通小町の終り近くには欠落があるようだし、雲林院は原形が変えられている。結局はそんなことはあまり問題でなく、曲柄というか、ムードの一貫性があればよいのだろうが、謡本の前書きの辞解だけでは満足されないひともあろう。ともに収録曲は限られているが、『謡曲集』上・下（日本古典文学体系、岩波書店）『謡曲集』㈠、㈡（日本古典文学全集、小学館）をおすすめしたい。前者は厳密さ、後者はわかりやすさの点ですぐれている。

〔『金剛』三四巻一号（一〇四号）一九七九年一月〕

―田中真晴様へ―

前一〇四号、三七頁に、「謡曲十八年生の感想」を御投稿いただき、ありがとうございました。一八年間、地道にコツコツと習練研究され、年功を積まれたことに、まずもって深く敬意を表します。

貴重な御感想、御意見を拝読して、いささか愚見を申し述べ、御参考に供したいと存じます。

(1) 習順の格付けが能を基準としている、というのは、御指摘の通りであります。しかし、必らずしも謡の難易には当てはまらない、とされるその、謡の難易ということは、節扱い等の難易ということでしょうか。重習曲でも謡は比較的やさしい、平物でも逆に謡は難しい、と言われるところを見ると、敢えて節扱いその他の難易ということに重点が置かれているように思えるのです。前項でも述べましたので、重ねては申しませんが、いわゆる習物曲は、それぞれにその曲独特の曲位があって、それを謡いあらわすことが最も難しい習事とされています。たとえば獅子の舞のある重習曲は、その前後はもちろん、曲自体にも独特の位の重さがある筈です。

能と謡とは、相対的に独立している面がある、とのお考えには、基本的には残念ながら承服いたし兼ねます。

(2) 謡の男声と女声との調和は、仰せの通りなかなかむつかしい問題です。通常の男女声の音階は、凡そ半オクターヴ違うということです。一オクターヴでなく、半オクターヴ違うというところに、相方ともに苦心をします。本来男性は、いわゆる思春期に声変わりというのがあって、音階が生理的に一挙に固定してしまうのですが、女性には一定の変声期がないようです。同じ位の年格好でも、音階的には種々相があります。比較的高音調の人、割合低音調の人など様々です。

年をとられるに従って高音調の人も、徐々に低音調へ移行して行きます。要は女性は男性に比べ、本質的に凡そ半オクターヴ違うというのが、決定的であるわけです。

お説の通り、役と地謡とをそれぞれ分担して、音階相違をあまり意識することなく、自己のペースで謡われるのがよいでしょう。

(3)　おけいこの方法については、それぞれ先生によって異なりますので、一概には言えませんが、お説のようなけいこも一方法でしょう。

(4)　御指摘の日本文学大系『謡曲集』(岩波書店)、日本古典文学全集『謡曲集』(小学館)ともに良書として推せんします。新修本前附辞解もこの両書を参考にしています。(『金剛』編集部今井幾三郎)

〔『金剛』三四巻二号(一〇五号)昭和五四年五月〕

19　技術と鑑賞

種田道雄先生に入門してからほぼ二十五年になる。私の親戚や家族には金剛流の謡曲に親しんでいたものが多く、先日、雑誌『金剛』四一巻一号に吉田督識氏が書いておられる「苗洲会軌跡」の写真のなかに、叔父の田中藤兵衛（先代）や林常悦（常次郎）の若い日の姿を見て懐かしく想った。しかし私は少年期、青年期には謡曲を好まなかった。親戚の集まりがあると、母方の祖父を中心にして必ず謡曲が始まり、私の母や叔母たちが鼓を打つという次第であったが、私は早く終ればよいのにと願うばかりであった。それが三十歳台の半ばになって突然に感じ方が変った。私は仕事に対する焦りなどから神経症的疾患に悩まされていたころであったが、謡曲のあの非神経症的な悠長なリズムと落着きに、生活意識のバランスを求めたのであった。観能の楽しみも謡曲を習いはじめてから次第にわかるようになってきた。それがともかく今まで続いている。

好きでなければ続かないのは当然であるけれども、やはりすこしは進歩しなければ好きであることも続きにくいであろう。進歩には技術の面と鑑賞の面とがある。はじめのころ、弱吟の中下げが難しかった。下音からはじまるクセの上音が出ない。詞の部分がわれながら心細い。しかし謡曲の節は特殊なものを除いては基本型の繰返しと組合わせで、それほど難しいものではなく、あまり年季をいれなくても、調子はずれにならないようにはできる。（やさしそうで案外間違いやすいのは強吟の上音と中音の区別であろう。音階に明確な差がなく、中音のところを上音で謡ってもおかしくないからである。）技術面の根本は声のつよさの習得にあると思う。普通の会話のときと謡曲の声とはもちろん同じではない。謡曲の声にも個人差があり、艶のある声もあれば太い声、高い声、低い声、彫の深浅などさまざまであり、そうした個人差は致し方のないことだが、稽古の積み重ねによって、謡曲の声をつよくすることはできる。ところがこれには年季がかかる。ひとによっては割合はやく謡曲の声らしい声を得る例をみるけれども、普通には十年ぐらい要するように思われる。プロとアマの違いは、プロが無本で多くの曲を謡えるという点が目立つけれども、それとともに、声のつよさの格段の相違ということがある。やはりプロとアマの稽古の仕方のちがいによるのであろう。月三回の稽古のほかは本を開かないというのでは声がつよくならないのは当然であろう。そして、声がつよくなれば、詞の部分がともかくこなせるようになるし、節の部分の表現力の幅も拡がるはずである。

ところで表現力といえば、ひろい意味での鑑賞力に関係してくる。その中心は曲柄と位の理解であると思う。これを余り難しく考えてはいけない。習いはじめでも、鞍馬天狗と紅葉狩の曲柄、曲のムードなりフィーリングのちがいというものは、おのずから分かるものである。大天狗と美女の姿の鬼女の表現のちがい、あるいは美女に変じている前シテと鬼女の本体をあらわした後シテの謡い方のちがいは分かりやすい。しかし、本体は鬼女である美女と、普通の美女とのちがいをどう謡いあらわすか、妖艶さの謡い方における表現の限度はどの程度であるべきか、あるいは大天狗のスケールの大きさの表現はどうすればよいか、という点になると、難しくなってくる。私はほぼ十年ほど前に砧を披かせていただいたときの稽古で、シテのサシ調の出が先生の意にかなか適わず、やっと「すこし砧らしくなりました」といわれたときに、なるほど曲柄と位というものは難しいものだということがいくらか分かった。そしてややマンネリ化していた稽古に面白みがでてきた。曲柄・位の理解は何よりも観能にあると思う。能を観にゆくと、謡本と首っ引きでいる人を見かけるが、あれは勿体ない。曲柄・位の表現の仕方の工夫を楽しむべきだと思う。もちろん曲によっては鮮かな立廻りの技術が見所になるものもあるけれども、謡曲の楽しみは、観能や稽古によって何ほどか理解した曲柄・位の表現を、みずからがその役柄になった気持で試みることにあるように思う。

こんな風に書くといささかおこがましい思いがするし、位についての表現力は勿論のこと、理解においてもあやふやなところが沢山ある。しかし他面では、本業ではなく趣味でやっているのだから、あまり難しいことはいわずに、それぞれ楽しめばいいではないかという気持も大切だと思っている。

〔『金剛会だより』創刊号、一九八六年九月〕

20　篠山観能行の記

金剛会の主催で四月十六日に挙行された丹波篠山能観賞のツアーに参加した。参加者は募集の予定人員八〇名を上廻って一〇〇名になり、東北や広島から来られた方たちもあった。二台のバスに分乗して恵まれた晴天のもと、篠山へと快走した。

京都に長年住みながら、私は篠山を訪れるのははじめてである。篠山への道路は予想外に整備されていた。篠山が能楽堂などを備えた小文化の地であることは聞いていたが、この町が旧城下町の格式と品位をこれほどに保存していることに驚いた。まず能楽資料館の展示を観る。能面の鑑識や批評は私の能力の外であるが、洞水出目満矩作の増女をはじめ秀作と思われるものが数多く展示されていた。つぎに古陶館を観る。丹波焼は民芸好みの人の趣味に合いそうに思われた。能楽資料館・古陶館近辺の入母屋商家郡の町並は素晴らしく魅力的である。短い距離なのが惜しまれるけれども、これほどの町並は珍らしいだろう。城跡を訪れる時間がなかったが、城跡の濠脇を、七分から八分咲きの桜の群を眺めながら、歴史美術館に至り、昼食のあと能楽堂に参集する。野外能楽堂としては、かつては箱根以西で最も整備されたものであった由である。私は野外能楽堂での観能はこれがはじめてである。

曲目は花月と泰山府君、まことに季節と土地の風趣にふさわしい選曲であった。シテは宗家父子。日照が、ややつよく、それを避けて後方の崖に席を移すと、桜越しに舞台が観賞されて、花月のうぐいす色の装束、泰山府君の後シテの金色の狩衣がひときわ映えて見えた。二曲とも軽い曲であり、狂言もごく分かりやすい因幡堂であることが大変よかったと思う。花月のワキをつとめられた岡次郎右衛門師が元気を取り戻された様子で嬉しかった。長い間、金剛能楽堂で馴染んで、私には岡師のワキがワキの範型に思える。狂言になると、金剛能楽堂においても常のことだが、私語のざわめきが長くつづくのは困りものだ。立派な演技をみせてくれている狂言方に対して非礼であり、狂言の芸を楽しもうとしている観客の邪魔でもある。狂言が終って次の能が始まるまでの間には時間があるのだから、所用はその間にすべきであろう。

帰途に城跡の桜を見ると、午まえには七、八分咲きであったのが、今日一日の陽気ですでにほぼ満開になっていた。

金剛会がこのような催しをされたのは大変結構であった。そして催しは天候にも恵まれて成功し、私だけでなくおそらく参加した人たちのほとんどすべてが、春一日の歓を尽くした思いであろう。これを初回として、会員を対象とする企画の続行が望まれる。

〔『金剛だより』一九八八年七月〕

21　卒都婆小町の「古型」について

平成四年十一月三日の星友社秋の大会で、卒都婆小町を披かせていただいた。昭和三六年の入門以来ここまで導いて下さった種田道雄先生の芸恩のおかげである。卒都婆小町のお稽古はとくに入念にしていただいた。私もまた常よりは熱が入り、詞章の解読のためにいくらか参考書を調べたりした。そういう調べごとをしているうちに、現行曲の古型あるいは原型に興味をもち、いささか想像して楽しむところがあった。現在では、能楽研究という専門分野もずいぶん開拓されていて、専門的な鍛練を経るのでなければ、そして関連文献を渉猟しなければ責任の負える文章を書くことはできないはずである。しかし私の謡が素人の芸であるのと同じく、つぎの一文もアマチュアの思いつきとして読み捨てていただきたい。

現行の卒都婆小町は、観阿弥作となっている。「申楽談儀」に「小まち　じねんこじ　四位の少将　以上、観阿作」。（岩波文庫、七五ページ。四位の少将は通小町の古名）とあり、また、「小町、むかしは長き能也。「過行く人はたれやらん」と言ひて、なおなお謡ひし也。後は其あたりに玉津島の御座有とて、幣帛をささげければ、御先《みさき》となりて出現あるてい也。これを良くせしとて、日吉のからす大夫といはれし也。当世是を略す」（同、六七ページ）と書かれている。卒都婆小町の古型を考えるばあいの第一次の典拠は以上である。

「過行く人は誰やらん」は現行曲では（「月の桂の川瀬舟）。漕ぎ行く人は誰やらん」となっているところに違いない。そこまでシテの謡が相当に長くつづいて相当しんどくなってきて、次の詞「余りに苦しう候程に、これなる朽木に腰をかけて、休まばやと思ひ候」という句が他人ごとでなく感じられて苦笑したくなるのだが、古型は休む前にすくなくとも、もう一段のシテの謡がつづくわけである。実はそのように謡がつづいて、小町がもっと歩いてくれないと、ワキが「阿部野の松原」に着いてシテと出会うのに都合がわるい。なぜなら、現行曲ではシテは鳥羽近辺、桂川に近いところで腰をおろすのだから、南大阪摂津の「阿部野の松原」とは離れ過ぎている。ところで、平成四年九月二三日に、金剛永謹師が卒都婆小町を披かれたのを拝見した折、ワキを勤めた中村彌三郎師は「阿部野の松原」とは謡わず、「鳥羽の里に着きて候」と謡われた。ワキ方の本にはどうも、流派によって「阿部野の松原」と「鳥羽の里」とがあるようである。恐らく「阿部野の松原」の方が古型で、小町はそこまでの道行の段をさらに謡ったのであろう。「長き能」が現行形に短縮されたとき、「鳥羽の里」に改変しないと現実に合わないのに、見落されてそのまま固定したのが「阿部野の松原」であろうと、私は推測する。これが第一点である。

つぎに、小町はなぜ玉津島まで行ったのか。玉津島明神は衣通姫を祭神とし、「小野小町は、いにしへの衣通姫の流れなり」（『古今和歌集』序）という関係であるから、小町がそのあたりまで道行し、幣帛を捧げる。そこに玉津島神社の御使いの鳥があらわれて小町を案内する、という筋はそれ自体としてすこしも不自然ではない。玉津島明神の所在は、和歌山県和歌浦であるから、阿部野の松原でシテとワキが出会うという古型は、その点でも合理的である。小町はその歌祖衣通姫に幣帛を捧げ、あるいは舞を奉納などして、一曲の落着となる、という構成だったようである。「申楽談儀」には「当世是を略す」とある。だからその言葉をそのままにとれば、現行小町の深草の少将の霊にとりつかれる物狂いの場面は存在していて、ただ、「これにつけても後の世を願ふぞ誠なりける……」以下はなくて、さらに玉津島への道行が続く。このように考えるのが「申楽談儀」の文には忠実であろう。

しかし能の構成という点からは別様に考える余地もあるのではないか。現行曲で、終曲に向けて書かれていると思われるのは、シテに少将の霊がとりついて狂乱に陥らせたあと、「浄衣の袴かいとって」からである。そこから百夜通いの話になる。この百夜通いを演じたあとで、また道行を再びつづけるというのでは大変重苦しすぎるから、その前で切って道行にし、玉津島に至るほうがよいように思われる。

いまひとつ、これはやや無理かとも思うが卒都婆問答でシテが勝ったあと、深草の少将の話をいれずに玉津島に道行きし、幣帛を捧げ、舞を舞って落着という方がさらにスッキリとはする。しかし同時に、現行曲のもっている狂乱の凄みはなくなって、「長い」けれどもやや淡白な能になるだろう。ここまでくると、鸚鵡小町が想い起こされる。鸚鵡小町は、一字だけ入れかえての鸚鵡返し返歌がストーリーのポイントではあるが、能としては後の「業平玉津島にての法楽の舞をまなび候へ」と乞われて小町の舞う法楽の舞が眼目であろう。私は古型の卒都婆小町の結束部分は鸚鵡小町のそれに似ていたのではないかと思う。そして、鸚鵡小町の成立は卒都婆小町よりも後であるから、古型卒都婆小町の結末部が切り捨てられて、現行卒都婆のように深草少将の物語りに変えられたからこそ、古型の結末部分をおそらくは相当に手直しして鸚鵡の結末部分（法楽の舞）ができて一曲を成したのではなかろうか、と推量する。しかしここまで推測を伸ばすのは行き過ぎかも知れない。（一九九二年一二月一五日稿）

〔『金剛』四八巻一号（一四〇号）一九九三年八月〕

22　囲碁閑談

私は小学生から中学生の初年級のころ、将棋は子供としてはかなり強かった。将棋好きの先生が、「マサハルさん、暇やったら一番指そう」といって家へ来られた。私に将棋の手ほどきをしたのは母である。母は多芸のひとだった。そのころは新聞の将棋欄をよく読んで、関根名人、土居、木村、花田といった当時の一線級の消息にも通じていた。しかしその後さっぱり将棋から遠ざかり、腕前も上っていない。

囲碁は中学生のころ、やはり母が教えてくれた。私が生れる前、子供のない父母は、ときどき二人で碁を打っていたという。父の方が大分強かったが、それでも戦後のインフレ段位で初段かせいぜい二段くらいの力であった。父は役人で、専売局に勤めていたのだが、私が小学六年生のとき、広島県下松の製塩工場長に転出した。母と私は京都に残ったから、父は単身赴任であった。そのあと、盛岡、彦根、最後は神戸の煙草専売局の局長で、太平洋戦争の渦中に定年退職した。それから天降りというのは大袈裟で、縁側から庭石に降りる程度のことで樟脳の会社に入った。

その会社が戦災で丸焼けになって、父が家に帰ってきたのは戦争が終ったころであったから、十年近く単身赴任を続けたわけである。下松、盛岡を除けば比較的近辺であったから、ときどき家に帰ってはいた。家に帰ると私と碁を打ちたがった。私は旧制三高生、京大生時代には碁に費す時間が惜しく、また碁をそれほど面白いとも思わなかった。しかし父と互先くらいにはなり、やがて父が黒を持たねばならなくなったが、黒を持ちたがらなかった。

父は退職したあと、近所に父よりもすこし強い同年輩の相手を見付けた。いつも私の家で打っていたが、二人とも碁を何局打っても飽きなかった。ある年には大晦日の昼から打ち続けて元日の朝まで打っていた。お互いに考えこまない碁でほとんど反射的に打ち下し、一局を三十分以内で打ち終えて、終るとたちまち次の局がはじまるという調子であった。

私に碁に対する目をすこしばかり開いてくれたのは、近くに住んでおられた京大のY助教授、のちに甲南大教授に転じ、大学紛争の渦中で疲労困憊の極に達していた私を見かねて、「田中君、君は京大に居続けたら命をおとしまっせ。甲南へ来ませんか」といって甲南大に引いてくれたひとである。私は京大の助教授であったころ、土曜日の午後によくこのY先生の宅を訪れて碁を打ってもらった。Y先生は五段格である。さすがに、碁に対する態度が違っていた。三子を置かす相手に対しても、よく考え、碁の雰囲気を楽しみながら悠々と打ち進められた。かなり難しい定石を教えても貰った。一局が終ると並べなおし、ここがイケマセン、ここへ石が来なければ、というふうに説明された。だから土曜日の午後たいていは二局、多くて三局しか打てないが、内容は濃かった。父や父の碁仇きのような、ただ相手を負かしたい一心の碁とは質がちがっていた。私もすこしは棋書も読むようになった。同時に私は、いささか度を過して碁会所に通うようになった。

いま私の棋力はやや強い四段というところである。先日、ある倶楽部の対抗戦で五段として打たされたが、五段はまだ荷が重い。三年ほど前からプロの五段の師に三面打ちで月二回教えてもらうことになった。また府県代表に近いアマ高段者に打って貰う機会も出てきた。このクラスとくにプロともなると、また一段と碁の性質が違う。肝心な個所とくに手どころといわれる辺りでは、相手の考えていることが全く予想も理解もできない。

自分より強い人が相手だと、相手がえらく賢く思われてしまう。本当は人間の才能というものはそれぞれ、いろいろな人に分布されているのであろう。私の友人のある秀才は、こと碁に関する限り、私に四子置くことからすこしも上達する気配がない。彼に、私に五子置かせるアマもそう少くはないと言ったら、奇蹟を語られたような顔をした。私は彼に、ぼくも君も、碁が急速に上達する年齢に、受験や多読に多忙でそれに力を注いだのだし、君はぼくよりもずっと遅くに碁を始めたのだから、まあいいじゃないか、碁を打って楽しければよしとしなければ、と言って慰めた。趙治勲は、「五級の人から五段を見れば、鬼のように強いであろうが、自分から見れば五級も五段も同じようなものだ」とどこかに書いていた。たしかに、アマは楽しめばよいのだろう。しかしやはりいつまでたっても上達しないのでは、楽しさもいま一つである。すこしは上達するのでないと情無くもなる。

碁が面白いのは勝負ごとだからである。だからあまりにも勝負に恬淡な人は碁に向かない。逆にあまりにも勝負にこだわる人は、碁を楽しむゆとりに欠ける。将来プロ棋士として伸びる子供は、負ければ碁盤をひっくり返して泣くぐらいでないとダメだと言われるが、そんな相手と打ちたいとは思わない。

碁が打てることの余得のひとつは、いろいろな職業や経歴の人と知り会えることである。このことは私のいま一つの趣味である謡曲についても言える。大学を出て大学に残り、学生と同僚、同業者とだけ交際していると、いつの間にか、かれらが標準的、平均的な人間のような観念に捕われやすい。碁や謡曲の仲間は、そうした偏見を正してくれ、世のなかにはずい分といろいろなひと、いろいろな才能があるものだという当り前のことを実感させてくれる。人生の諸相を知ることは、アタマを柔軟にするのに有益だろう。

私の棋力（やや強い四段格）は、これまでに打った局数からみて、ちょっと不足とも思えるし、これが普通かとも思える。私の最大の弱点は、アマでも有段者となれば打ったすぐあとならば並べ直すことができるはずだと言われている（棋書に拠る）のに、すぐ忘れてしまって、棋譜をとることができないことである。記憶力が弱いためであろうか。どうも並べ直す力は記憶力のなかでも図形に対する記憶力に関係が深いように思われる。私は中学生のころ幾何という科目が不得手であった。

私の碁は戦い好きである。囲いあって僅少差で勝っても碁を打ったような気がしない。敵の石を搦めとるか、攻めて厚壮な厚みをつくるのでないと面白くない。いわゆる喧嘩碁である。厚みが大好きである。しかし、上手《うわて》と打つとそれは許してくれない。また数子を置かす相手と打つばあいも無理である。腰を落として、じりじりと置石の効果を削減していって、相手が間違えてくれるのを待たねばならない。間違えてくれるとそこにつけ込むのだが、同時に気の毒な気もする。結局、面白く打てるのは、二子置くか置かせるぐらいの範囲である。そして、全局面が戦いに巻きこまれるような戦いの碁がエキサイトして最も好きである。

話が最初に戻るが、将棋は勉強しないから向上もしない。ほんの時たま、娘婿と指すことがある。一五年くらい前は私の方が強かった。婿さんも実戦の機会はあまりないようだが、将棋好きで本を買い、テレビを観ている。やがて私と互角になり、いまでは私は彼に勝てない。やはり勉強しないとダメで私はときどき碁に費した厖大な時間を思い、その時間を、あるいは謡曲と碁に費した時間を外国語の修得に向けるか論文書きに振向ければ、もう少し多くの仕事が出来たはずなのに、とちょっと悔むこともある。しかし、そうしたら仕事がもっと質のよいものになり、人生が豊かになったかどうかは分らない。心底を言えば趣味・道楽を何一つもたない人を気の毒に思う気持の方がつよい。しかし他方、謡曲や碁だけでは空しい。仕事というシンがなければいけない。私はこのことを長く仕事に対する情熱を喪っていたときに身にしみて感じた。（一九九七年八月二〇日稿）

V

23　嘘

妻も告知はされたのである。

一九八九年十月三十日朝N病院産婦人科から電話があった。今日十一時半までに来院されたいというのである。妻は十九日にN病院で診察と検査を受けていた。二週間後に結果を聞きに来るようにとのことだった。まだ二週間は経っていない。妻は子宮筋腫があって、それが大きくなったのだろうと軽く考えていた。病院からの呼出しはただごとではない。急いで病院へ行った妻は昼ごろ帰ってきて、十一月六日に入院、十三日に手術、悪性です、と告げられたと言う。私は動転して昼食に妻が食卓に並べた鱧鮨を妻の分まで食べてしまった。妻は冷静な性格で、それを見て笑った。「入院は二ヶ月の予定と言われたけれども、一ヶ月で帰って来ますよ、どうせごく初期に違いないワ。一ヶ月の間頑張って下さい。いまから料理の稽古では間に合わないから外食して下さい。家事について最小限必要なことは書いておきます。」あいにく私は十一月の二日―四日、福岡大学での学会があり、司会を予定されていたので外すわけにゆかず出張した。帰宅してみると、台所のガスや洗濯機の前、炊飯器の横などに操作方法の要領を筆ペンで書いた紙が張ってあり、さらに、朝起きてからなすべき家事の順序を書いた紙が机の上に置かれていた。それから、下着類等のかんたんな畳み方、米のとぎ方、洗濯物の干し方まで練習させられた。妻は入院までの六日間、いろいろなことを始末するのに、大わらわで立働いた。こんなに働けるのだから悪性といってもごく初期だろうと私も思った。

手術予定の十三日は月曜日、執刀は名医の評判の高いM先生（部長）である。十一日に私が呼ばれ、M先生のもとで直接担当することになった若いK女医から説明を受けた。それを聞いて私の楽観は吹き飛んだ。K医師は、手術可能な数値ではありますが白血球がかなり少なくなっています。腹水も溜っています。そして図を画いて、子宮癌のうちでも体癌という種類で、ここに出来ています。それが腹壁を越えて拡がっているのです。それに癌の分化（ディファレンシエーション）の形がよくありません、と告げた。これは大変だ、それでは転移の可能性も高いだろう。生涯癌との付き合いが続くのではないか。説明を聞いたあと、家内と会って院内の喫茶店で一緒にコーヒーを飲んだ。「どういう説明でした？」「いや別に。癌の場所などを説明されただけで、手術は心配ないと言っていた。」――「ところで、ぼくらの今までの生活は幸せだったと言えるんだろうね」「なんでそんなことを聞かれますの。幸せだったたし、これからも同じでしょう。」「いや、軽いにせよ、やはり今度の病気はぼくたちの生活にひとつの線を引く出来ごとだと思うよ」「私は先生の指示をよく守って、一ヶ月もすれば帰りますのに。煙草を喫われるから、火事を起こさないようにくれぐれも気をつけて下さい。」

十三日は朝から沛然たる豪雨であった。娘の悦子は小さい子供三人を抱えていて、亀岡に住んでいたから、手術当日は私と妻の二人の姉が病室に詰めた。病室で麻酔の注射を打たれ、意識が薄れてゆく際に、妻は「死んでたまりますか」とつぶやいた。そして手術室へ運ばれて行った。

手術は三時間の予定であった。淋巴節を取るから少し時間がかかるのです、と言われていた。午後一時から始めて四時ごろに終る予定である。私は一昨日K医師から受けた説明のことを姉たちには言わなかった。娘には電話でぼんやりと言っておいた。いずれ手術をすれば具体的にわかるはずである。余計な危惧を抱かせても仕方ないと思ったからである。

手術が始まって一時間半ほど経ったころ、突然、M先生が数人の医師や看護婦を従えて部屋へ入ってきた。手にはビニールの袋を持っている。手術中であるはずなのに、何事かと驚いている私たちに、「開腹したのですが、意外に——こういうことも予想できないではありませんでしたが——癌が拡がっていて内臓に散らばっていました。これらを全部取ると、恐らく生命はなくなると判断されます。開腹したまま大分考えたのですが、結局閉じました」「……」。手にもっている透明なビニール袋のなかに入っている赤い長い舌のようなものを示して、「これが胃に捲きついていました。それでも、胃はこれが捲きついたまま活潑に動いていました。」「もう退院して家に帰ることはできませんか」「いや、一時退院はできるでしょう」「あとどれくらい生きられるのですか。」少考して、「まあ六ヶ月くらいです。でも、いまは良く効く抗癌剤もありますから。」ここで妻の長姉が脳貧血を起して倒れた。「しかし、麻酔から醒めたら、手術は成功したと本人には伝えて下さい。これは固く守って下さい。」そして医師たちは病室を去った。雨はまだ強く降りつづいていた。

その夜の泊りこみは次姉が引受け、私は一旦帰宅した。暗い部屋のなかで外套も脱がず、私は転げ回って泣いた。

翌朝、麻酔から醒めた妻は、弱々しい声で、「癌は取れましたか」と聞いた。「手術は成功したよ、安心しなさい」「どんな形をしていました?」「何だかどろどろしたもので、きっちりした形のものではなかったよ。」妻は十日ほどしてからひどい下痢と高熱に侵されて一週間ほどたいへん苦しんだ。腹中にバラ撒いた多量の抗癌剤かマイシンの投与過多のせいかも知れない。私はこのまま亡くなったほうが、妻のためではないかと思った。こういう思いには、妻の長い苦しみに私が堪えられないというエゴイズムも混っている。しかし妻は一応回復した。

私は娘悦子の了承をえて、手術のあと数日してM先生に手紙を書いた。その要旨はつぎのようである。延命第一主義が、日本では治療の根本方針になっています(それから七年後の現在では少し事情が変ってきているが、当時は一般にそうであった)。しかし、すでに寿命が短く限られている場合、本人の安楽を第一に置いていただきたい。開腹して剔出できなかったのに治ったという例は聞いたことがありません。どうかくれぐれもこの点をお考え下さるよう願い上げます。お忙しいことは分っていますから、お返事は期待しません、と。

にも拘らず、妻の容態が一応落ちつくと、放射線治療を始めますという知らせがあった。私は担当のK医師に前述の手紙の要旨を述べ、ムダな治療は止めてくれ、と強く言った。K医師は、一寸待って下さいと言って席を外した。戻ってきて、M部長が説明しますから部長室へ行って下さいという。部長室へ行くと、M先生はお手紙拝見しました。「仰言ることはよく分かります。しかし、非常に小さいパーセンテージではありますが、腹腔内に散らばった癌が、抗癌剤と放射線で消失したという症例も報告されているのです。」「それはあと期間を限らずに不定期間生きたということですか」「そうです。ただし、その場合、再発すると一遍にダメになります。」M先生は書類のなかからその症例の記事を探したが、なかなか見付からなかった。私は、「非常に小さいパーセンテージでも、それが真実なら、治療を断りにくいですね。分かりました。」私は礼を述べて退出した。こうして妻は抗癌剤と放射線の治療を受けることになり、放射線科へ廻わされた。

十二月二十八日から一九九〇年一月三日まで、病院の治療も休みになるので、一時帰宅を許された。そのときは割合元気だった。見舞客にも起きて対応していた。家事はぼくも何とか出来るようになったから休んでいるようにと言ったが聞き入れず、久方ぶりの台所に立ち、使いにも行った。ずい分痩せたが、気持はしっかりしていた。こんな具合が長く続けばよいがと願った。

私はといえば、馴れない家事と二日に一度の割合での病院への見舞と、甲南大学での四コマの講義と会議（私は阪急芦屋川駅近くのワンルームの貸マンションに二泊してそれをこなしていた。手術後の一週間は休講）それに飼犬（私はあまり犬が好きでない）の世話で相当に疲労していた。家内が一時帰宅しているうちに、「マーシャル著作目録補遺」の原稿を書き急いだ。妻は私が二階の書斎にいる方が、生活がもとに戻ったようだと言って喜んだ。

妻の病気がなければ一九九〇年四月から六ヶ月間、ケンブリッジに妻を伴って留学することが、甲南大学の外留の順番で決っていた。実はパスポートなどの準備を始めたところで入院になったのである。私は留学は手術前にK医師から説明を受けたときに、諦めた。来年度も普通に勤務することにした。学部長が配慮して、四コマ二日にまとめてくれた。委員は免除された。甲南大の定年が延長されて、六十八歳になったが、私は九一年三月で旧規定の定年に従って辞めることにした。マンションも九〇年二月末で解約し、四月からは家から大学へ通うことにした。妻はケンブリッジへ行けなくしたことを度々、済みませんと言ったが、そんなことはどうでもよかった。

さて、年末・正月の外泊が終って妻は病院に戻って行き、放射線と点滴による抗癌剤投与が再開された。一月八日、私は呼び出されて、よい薬が入手できたので、鼠蹊部の動脈から直接患部の本拠に向けて抗癌剤を注入する処置をするから承諾のサインをしてくれ、と言われて、安全性について念を押した後、サインした。このころ私は前にM先生が言われたことを、藁《ワラ》にもすがる思いで頼みにしていたのである。二時間近くかかったであろうか。私は面会人のための小さな待合室で処置の終るのを待っていた。テレビには小錦の身体が大写しに映っていた。私は吐きそうになった。処置が終って妻が寝台にのせられて、死んだようにぐったりして帰ってきた。やがて、子供のように「あたし、辛抱して偉いでしょう」と私に言った。

三日ほどして、K医師にあの処置は効果があったのかと問いただした。K医師はゆううつそうに、「それが患部がちっとも小さくならないのです。困りました」と答えた。「あれで効かないのなら、抗癌剤や放射線は無意味です。すぐに止めて、患者の負担を軽くして下さい」「しかし放射線科の管轄に廻っているので、こちらからは何も言えません」——私は放射線科まで出向いて抗議する気力をもう喪っていた。

放射線の被害は幸いにして比較的少なかった。髪はすこし脱けたが目立つほどではなかった。微熱は続いた。一月の末ごろになると妻は焦り出した。モノを食べると二〇—三〇分ほどすると胃の下部あたりが痛むようになってきた。M先生に聞くと、手術のときに取った個所にまた癌が捲きついてきたのです、とのことであった。妻はいろいろ疑い出した。手術のときに傷つけられたのではないか。エレベーターに同乗していた産婦人科ではない医者が二人で話をしていて、あの腸を引っかけた患者はどうもなかったかしら、と話していたのが聞こえた、とも言った。また、放射線の医者が、「あなたのは小さいから大丈夫ですよ」と言った。もう癌は取れていて無いはずなのに、とも言った。私は取れた癌がどんな形をしてどれほどの大きさだったかを再三たずねた。先生のいわれることをきちっと守っているのに、よくなってこないのは不思議だ。二ヶ月の入院といわれたのにもう二ヶ月を超えている。何かの間違いがあったのではないか。先日は呼吸ができなくなって集中治療室へ運ばれてやっと助かった。K先生はほんとうに頼りない等々。

私は再びM先生に手紙を書いた。「このままでは医者と患者と家族の信頼関係が喪われます。先生からなり、私なりから癌は剔出不能だったということを打明けた方が、納得し、却ってしっかりもするでしょう」と。M先生からの伝言電話があって、「明日二時に守衛室のところで待っていてくれ、自分の方から降りてゆくから」と。先生は本人に知られるといけないからと、遠い空き病室へ私を連れていった。「お考えはよく分かります。しかし、今までの例ではすべて、本人が癌は取れなかったのだと知った途端、いっぺんにペシャンコになってしまって、生命もダメになります。やはり打明けては絶対にいけません。」私は「妻は冷静な性格ですから、打明けた方がよろしい」とは言えなかった。

二月十五日に妻は退院して帰ってきた。お祝にと近所の知り合いから届けられた握り寿司を二つばかり食べたら、しばらくして胃の下部に猛烈な痛みが起きた。妻は「二階へ行っていて。ひとりで辛抱すれば治まりますから」と言った。私は二階へ上って、階下の様子をうかがっていた。三十分余りすると痛みは治った。「やはり手術のミスでこんなことになったのかしら。」米もうどんもダメだった。少量のパンなら痛みは起きない。妻の食はだんだん細っていった。それでも家事はどうしても自分がすると言って、疲れると床に入って、眠って疲れをとりながら、家事をつづけた。

四月上旬から、わたくしたちは桜を見に三回出かけた。嵐山と加茂川堤の桜の道と、御室である。加茂川堤のときは、北大路から今出川まで歩いた。体重が減ったせいか歩くのは割合達者だった。河原町今出川の喫茶店でサンドウィッチを食べた。うまく胃を通過した。五月に入ると急に容態がわるくなった。肺に転移したのであろう、呼吸が苦しくなってきた。胃の下あたりに固いかたまりも出来た。五月十二日、椅子に腰かけながら得意の「だし巻き」を作り、一緒に食事したあと、ちょっとそこに居てくださいと改まって話しはじめた。「幸せでした。もう今度入院したら帰れないかも知れません。死んだらタンスの上段にあるあの着物を着せて下さい。何も記念になるようなものはありませんが、お金《カネ》は私が稼いだのではありませんが、私が節約して一応困らないくらいは貯めました。お手伝いさんを傭って下さい。週二日くらいでいいでしょう。とにかく、じじむさくなったり、みじめになったりしないで下さい。身ぎれいに暮して下さい。」

その翌々日、再入院した。それからのことはもう書く気になれない。目にあまるような過剰なターミナル・ケアはなかったようである。そのことは、度々私がK医師に念を押した。妻は最後まで夜付き添うことを拒んだ。

七月四日の午前一時ごろ、危篤に陥ったからすぐ来てくれとK医師から電話があった。この夜も烈しく雨が降っていた。午前三時二十五分、私のみまもるなかで妻は永眠した。享年五十七歳。

結局、大嘘を貫き通して三十六年間の夫婦生活は終った。もし真実を打明けるなら、年末年始の一時帰宅で割合元気だったときであろう。しかし、どちらが良かったか。はかない希望をもちつづけるのがよかったのか、冷厳な事実を告げて励まし、夫婦の心を通わせることができたのか。今でもよく想い起こすが、どちらがよかったのか分からない。(一九九七年、九月一日稿)

24　告知

妻がガンで六ヶ月の患いで亡くなった一九九〇年の夏のあと、秋に疲労とカゼのため、私は京都市内のS病院へ十日間入院した。その折、諸種の検査があって、C型肝炎ヴィールスのキャリアであることが分かった。そのときはGOT、GPTともまだ基準以内の数値であったが、その後漢方薬などをホーム・ドクターから与えられているうちに、数値がかえって上昇した。F病院のインターフェロン治療の権威といわれるO助教授に診察してもらったところ、肝臓の細胞採取（いわゆる肝突き）の結果、非活動性でインターフェロンには不適との診断を得た。そのあと、ホーム・ドクターが漢方薬の注射を奨めて試みたが、漢方は飲み薬も注射もともに私には不適で、発熱したり、ジンマシンが出たりするので止めた。投薬をやめると却ってGOT、GPTの数値は下り、基準値よりも高いものの、二桁以内に収まるようになった。昨年（一九九六年）の冬から春にかけて胃腸がわるくなり、ホーム・ドクターの紹介でC病院院長のO先生（さきのO先生とは別人）の患者となり、C病院で諸種の検査を受けた。幸い消化器には大きな異常はなく慢性胃炎であった。そのさい、上腹部の超音波（エコー）の検査もあり、肝臓の定期検査もC病院でおこなうことになった。

私は家内を亡くしてから、主観的にはこの難関を乗り切るには、勉強と仕事に打ちこむ他はなく、観能・謡曲と囲碁だけではダメだと分かっていながら、長く身心のスランプに悩み、研究のできない期間が長く続いた。その間に私が編著者になる論文集の計画が親しい研究者サークルの間で進められ、私はどうしても書かなければならなくなった。呆けかけた頭に鞭打って、書き損じを重ねているうちに、次第に頭がしっかりして、昨年七月の家内の七回忌ころには、論文めいたものになってきた。それを書き上げたのは九月であったが、『自由主義経済思想の比較研究』というタイトルの論文集が、体裁を整えるためには、いま一つの、展望的・概説的なやや長い序説論文が必要であることが分かった。出版社も出来るまで待つから、やはりそういうものが欲しいとのことである。すでに他の執筆者の論文は集まっていて、私は毎日せきたてられるような気分を背負いながら、しかし同時にこれが私の最後の論文になるであろうという予感があって、かなり調べ、かなり考えてすこしずつ書き進めた。多病の私は、論文が八割がた出来たところで、今年の五月はじめに結核性の軽い――といってもはじめは高熱で苦しかった――肋膜炎にやられて一ヶ月半以上臥床した。

そういうことのために肝臓のエコー検査も延びて六月十三日になった。肋膜炎の検査（これは

F病院）と並行してであった。エコー検査のあとO先生の診察があり、「肝臓には変化はないが、ちょっと心配なことがあります。前回の検査のときのと比べて、今回の映像では膵管《スイ》が太くなっているのです。正常は二ミリ以下ですが、三・一ミリになっています。膵液が流れにくくなっているために太くなるので、膵液を流れにくくしている原因として、腫瘍の可能性が考えられます。上腹部のCTを撮って下さい」と言われた。帰宅したら、友人のK君が肋膜炎の見舞に来てくれていた。肋膜炎の方はマイシンが効を奏していて、もうほぼよくなっていた。私はエコーの結果を聞かされて、屈託を抱えて帰って来て、K君に会ったものだから、思わずありのままを話してしまい、K君に心配をかけて済まなかった。その日の日記には、「腹部エコーの結果かなりのショックを受けた。天命を知るべき時が来たかと思う」と記している。

六月二十六日、C病院で上腹部CT検査、点滴に造影剤を入れるので、胃酸が急に出だしてすこし辛かった。検査の結果は七月四日、O先生から説明を受けた。先生は膵臓と胆囊の図をメモ紙に描き、そのあたりにモヤモヤしたものを書き加えて、「これが問題のものです。いまのところ良性八割、悪性二割というところです。良性か悪性かを判定するための方法は二つありますが、いずれもかなりきつい検査です。」私、「治療のためなら仕方ないけれど、たんに判定のために痛い目をするのは困ります。良性か悪性かはいずれ経過によって分かることでしょう」「悪性の場合はほとんど大きくなってきます」「先生はさきほど現在では八対二くらいだと仰言いましたが、エコーで前回は膵管の太さが正常だったのに六月の検査では三・一ミリになっていたのだから、大きくなっているのではありませんか」。先生はそれには直接答えず、「手術をするのなら早い方がよい。ただ、血管が入り組んでいる場所なので手術はかんたんではありません」「悪性の場合、どういう症状が出てくるのですか」「黄疸が出ます。それには処置法がありますが、対症療法であり、根治はできません」「悪性だとすると、今からどれくらいで黄疸が出ますか」「早ければ三ヶ月後くらいです」「どうも詳細に説明していただいて有難うございました。私としては、一日でも長く正常な生活を送りたいのです。手術をするとそれが打切られます。また膵癌の手術で完全回復というのは至難とも聞きます。私は自然に任せたいと思います。これはエコーの結果を聞く前から考えてきた決心です」「それも選択肢のひとつではあるでしょう……。精密検査をしないのなら、エコーとCTは一ヶ月毎に受けて下さい。次回は八月二十八日の九時、エコー、そのあと十時に診察です」「承知しました」。――良性八〇パーセントという言葉に縋りたいのは山々だったが、結局どうもそれは腹部腫瘍の平均的数字らしく、私の場合についての根拠はなに一つ示されず、話はもっぱら悪性のことで、私は先生は悪性と思っているのだと考えずにはいられなかった。

六月十三日にショックを受けて、そのときから、「一切の希望を捨てよ」、ただし、いまは盛んにシャックリが出る他はこれといった異常は感じられないのだから、「日常の仕事」「日の要求」

をなるたけ快活に果してゆこうと思った。事実気力は衰えていない。八月二十八日の確定診断はやはりこたえた。やはり一縷の望みをもっていたからであろう。

八月二十八日の診断。「やはりあまりよくありません。悪性八割良性二割というところでしょうか。膵管が正常は二ミリ、六月は三・一ミリ、今回は六・六ミリになっています。こういう風なのは、たいてい悪性で、良性であることは難しいのです」「二ヶ月くらいで黄疸が出ますか」「早ければそのくらいです。黄疸か痛みが出ます」「念のため手術についてお伺いしたいのですが、この病院でできるのですか」「それはできます。ただ、膵臓のばあいには、意外に拡がっていることがあるので、開腹したが剔出できないという場合もあります」「やはり手術はやめます。私は最後はホスピスに入りたいのですが、この病院にはホスピスはありませんね」「ホスピスはありませんがホスピス的な看護はします」――いよいよあと二ヶ月と考えなければならなくなった。

六月十三日の項に記したように、幸い身心ともに元気であった。六月十三日にはまだ「序章」を書き終えていず、中心になるⅣ節が三分の一ほどしかできていず、最終Ⅶ節も書き直さねばならなかった。これだけはどうしても果さねばならぬという仕事である。そのためかあまり癌の方には気がゆかず、仕事に励んだ。送稿できたのは七月十四日であった。「あとがき」はその前に書いていて日付は七月四日。アメリカ独立宣言の日で自由主義の研究書としてふさわしい日であるが、同時に我が家にとっては暗いメモリアル・デーでもある。一九九〇年七月四日は家内の命日であり、また私の膵癌がかなりはっきりした日でもある。

さて、これからの二ヶ月をどのように生きるか。さきに述べたように、できるだけ快活に「日の要求」に従うほかないであろう。出来ればもっと生きたいが、不可能なことを考えても仕方ない。事物自然のコースに逆らうことはできない。数え年三歳のとき肺炎で死にかけ、母が願をかけて、二十歳までの命乞いをした私。日本陸軍最後の現役入隊兵で、もうすこし戦争が続いていたら命をなくしていた私。結婚してからも病気がちで、家内がこの人はとても四十歳までは生きられまい、と思っていた私。それが七年前に家内に先立たれ、ひとびとの厚意を受けて七十二歳まで生きた。寿命についてはむしろ大変ラッキーだったと感謝しなければならない。

長年の懸案だった『自由主義経済思想の比較研究』は一ヶ月半ぐらいすれば刊行される。これには二本の論文、序章の「自由主義経済思想序説」と終章の「市場経済のターミノロジー」が掲載される。論文としてのオリジナリティでは末章の方がよいかも知れない。しかし、序章はここ数年念頭を離れなかったテーマであり、私としてはせい一杯の作品で、私がたといあと数年生きても、これ以上の別の作品を書くことはできないであろう。

あとに残っているのは、『経済思想史論』という仮題で、私が雑誌等に書いてきた論文のうちから、愛着のあるものを集めて単著にすることである。これには、前述の書物の「序章」の、はじめは第II節に予定し、その後「補論」にと思っていたほぼ完成稿の「スコラの経済思想と経済的自由主義」を拡充して独立の論文として付け加えたい。そのための準備もすこしばかり始めた。『甲南経済学論集』に三回にわたって載せた「マーシャル著作目録」は改稿補足して小冊子にしたい。しかし残された時日の間には無理であろう。今書いている文章をふくむ『追想』は自費出版の遺稿として知友に配ってほしいと思っている。

（一九九七年八月三十日記）

知人の薦めで、九月十二日にF病院のA先生に診てもらった。エコーを撮る。膵管はやはり六ミリ以上。同十七日、パスツール研究所でMRI（腹部）を撮る。十九日、F病院のA先生、MRIの写真と血液検査の結果、今の段階では必ずしも悪性とは断じ難いという判断。三ヶ月ぶりの曙光である。その後パスツール研究所放射線科の所見がA先生に届き、悪性・良性五分々々だという判定であった（十月三日）。

体調はわるくないし、それから数ヶ月、膵臓のことは次第に意識にのぼらなくなって元気に生活した。医師も、膵臓ガンは一般に非常に速く進むものであるから、体調に変化がないのが長く続いているのは悪性ではなかったということでしょう、と言った。ただ、『経済思想史論集』に収むべき新稿の準備は遅々として進まなかった。「経済学史家としてのシュムペーター――いま一つのシュムペーター像」を書くべく長大な『経済分析の歴史』を読み進むが、身につかない。スコラ経済思想の方も文献は増えたが、もうひとつだ。一九九八年に入っても仕事は進まず、疲れやすくなったのか、本を読みながらしきりに居眠りするようになった。胃のあたりの変調を来たす日が多くなった。とくに七月下旬から胃がわるく、また微熱が出たりして、七月二十九日、F病院の呼吸器の医師の診察を乞う。さしあたりマイシンと胃薬を投与さる。八月十四日、消化器のS医師、腹部CTとMRIを撮れという。八月十九日、H医師、昨日撮った胸部CTにつき肺ガンの疑いあり、検査入院をすることをすすめる。八月二十一日、A先生に相談、検査・手術をすすめられたが、私の気持はすすまない。八月二十七日、腹部CTを撮る。翌日、S医師、放射線科の意見として、昨年九月のMRIと比べて、膵臓の腫瘍ずいぶん大きくなっていて、低度悪性（low grade malignant）の疑いあり。膵臓の検査を受け、バイパス手術するのがよいと思うと勧告。肺とのタブル・パンチで沈みこみ、もう放って置きます、と言って帰る。九月四日、胃のレントゲン透視検査のあとA医師の診察。膵臓の腫瘍が十二指腸を見えなくするまでに増殖しているのに驚く。A医師には、肺も膵臓も、辛抱できなくなるまでは放っておきます、といって辞去、しかし体調とくに食後一時間半ほどしてからの膨張感とシクシクする痛み、頭の重さ等がつのってきて、どうしようもなくなり、九月十八日、A医師に病院の方でよろしく願いますと申し出た。帰宅後すぐに電話あり、九月二十二日（火）あさ一〇時に入院決定。

（一九九八年九月十九日夜記す）

あとがき

ここに集めたエッセーは、折に触れて求められて書き発表した短編に、未発表の六篇を加えて、一応ジャンル別にまとめたものである。すこし専門にわたるものもあるが、一般の読者や聞き手を意識して平易に書いたつもりである。

この書物に収めるにさいして、既発表のものに若干手を入れたり、短縮したり、また題名を一部改めたところもあるが、大体は発表時のままである。

本書は日頃交際を忝なくしていた方々に頒ち贈るべきものであるが、もしその範囲を超えて読まれるならば幸いである。

父・田中真晴

田畑悦子

父が亡くなり、六月に一周忌をむかえようとしています。亡くなってしばらくは闘病中の姿ばかり思い出されましたが、最近は元気なころの父の姿が次々記憶に甦ってきております。

毎年、春に桜が咲きはじめると、父は桜を求めて平野神社や鴨川などへ浮かれるように出かけていきました。ソメイヨシノも好きでしたが、ひっそりと咲く八重桜が特に気に入っていました。

生来蒲柳の質で、風邪をひくなど年中行事の感がありました。小さいころに患った肺炎の影響と思われますが、何事にも探求心旺盛なため、その都度風邪の原因を探っておりました。母はその原因をつくるまいと苦労することも多かったのではないかと思います。

京大紛争の時、私は中学生でしたが、ある朝「頭のなかの霧が晴れるように考えがきまった。京大やめるわ」と突然言いました。父のそのときの晴れやかな顔は久々に見たもので、いまだに忘れることができません。

私が結婚して家を出、父と母の二人の生活が数年続きました。父は甲南大学に在職中でしたが、そのころが二人にとって一番穏やかな日々であったと思います。

母が病に倒れて父ひとりの生活が始まりましたが、自分の生活ペースを崩そうとはしませんでした。家事能力に欠ける人でしたが、まわりに私的な面で父の生活を支えてくれる方々がおられました。その方々のおかげで父は母亡きあとも仕事を続けることができたと感謝しています。

父が体調のよいときは、私と映画や社寺に出かけることがありました。私の子供たちと神戸や伊勢志摩へ一泊旅行に行ったことも大切な思い出です。

また父は時々大胆な行動に出ました。私が大将軍の家にいくと、改装を終えたばかりの部屋に昔からあった神棚がありません。ギョッとする私に父は「捨てた」と一言。そして「人間にはどうしようもない運命というものがある。でもそれはこういう非科学的なものではわからない」と言い放ちました。

父は晩年病気になってからもそう言いつづけておりました。自分が納得するまで検査ひとつ受けず何度も病院の先生と話し合いました。十四時間に及ぶ膵臓と肺のガン摘出手術が本当によかったのか私にはいまだにわかりません。ただ父自身が納得して決断したことですから、これも運命だったと言い聞かせています。

手術から一年が経ち、父はようやく退院しました。帰宅するなり、開口一番「原稿用紙を取ってきてくれ。また仕事ができそうだ」と言いました。

父が亡くなった後、「家」という題名を付けた原稿を見つけました。わずか数枚の文章ですが、父の祖父（西陣の人です）からの系譜をからませながら自分の家についてのエッセイを書くつもりだったのでしょう。肺ガンの転移で日の目を見るに至らなかったことが悔やまれます。

研究はもちろんそれ以外のことにおいても、書くことにあまりに真剣に、真面目に取り組み、そして悩み苦しんだ父でした。龍谷大学を辞めてからはもっと気楽に生きればよいのにと私は何度も思いました。でも、それができない性分でした。

父の七五年の人生は波瀾に富んだものでした。しかし困った時にはいつも父を支えて下さる人に恵まれていました。経済学関係の方々、古くからのお友達、趣味を通じて知り合った人たち、そして父を私的な面で支えて下さった方たち。

生前お世話になった皆様にこのエッセイ集を読んでいただければ、父の遺志にも添い幸いに存じます。

末筆になりましたが、本書の出版を快く引き受けて下さった未来社の社長西谷能英様ならびに田口英治様、そして編集や校正などでご尽力を賜った京都大学の田中秀夫様に心より感謝の意を表します。

二〇〇一年四月二〇日

田中真晴教授略歴

一九二五年（大正一四年）四月五日　京都市に生まれる。
二〇〇〇年六月二一日　逝去。

学　歴

第二衣笠尋常小学校（現　大将軍小学校）、京都府立第三中学校（現　山城高校、第四学年修了）、第三高等学校（文科甲類）を経て
一九四四年（昭一九）一〇月～四七年九月　京都帝国大学経済学部在学
在学中四五年四月陸軍に現役入隊、同九月除隊復員
一九四七年（昭二二）一〇月～五〇年三月　京都大学経済学部大学院（旧制）在学（特別研究生）

職　歴

一九五〇年（昭二十五）三月～同年九月　京都大学経済学部助手
一九五〇年九月～五四年二月　同講師
一九五四年二月～六七年七月　同助教授
一九六七年七月～七四年三月　同教授（経済原論）
（一九八六年四月　京都大学名誉教授）

一九七四年（昭四九）四月〜九一年三月　甲南大学経済学部教授（経済思想史）
一九七八年四月〜七九年三月、一九八三年四月〜八五年三月　経済学部長
一九五〇〜九〇年の間に、富山大学、同志社大学、光華女子大学、岡山大学、京都大学（大学院）、関西大学（大学院）に出講
一九九一年四月〜九四年三月　龍谷大学経済学部教授（経済思想史）

研究報告

1　レーニンの「市場理論」について、経済学史学会第一〇回大会（於　関西大）、一九五四年一一月七日
2　アダム・スミスを中心として（ミーク『労働価値説研究』をめぐって）、経済学史学会関西部会第一五回例会（於　大阪女子大）、一九五七年九月二八日
3　プレハーノフのロシア資本主義論、経済学史学会第二五回大会（於　東京経済大）、一九六二年五月一二日
4　プレハーノフの著作刊行史と研究史、経済学史学会関西部会第四〇回例会（於　立命館大）、一九六六年一月二九日
5　ロシア・マルクス主義、経済学史学会関西部会第四四回例会（共通論題：現代マルクス主義の思想史的背景、於　桃山学院大）、一九六七年五月二七日
6　共通論題「帝国主義論」司会者序説、経済学史学会第三七回大会（於　福島大）、一九七三年一一月九日
7　レーニン・シンポジウム――問題提起――、経済学史学会第三八回大会（於　名古屋大）、一九

七四年一一月九日

8　ウェーバーの貨幣論、経済学史学会関西部会第七七回例会（於　関西学院大）、一九七八年四月三日

8[a]　小林昇　経済学史著作集をめぐって——F・リスト——経済学史学会関西部会第八三回（於　同志社大）、一九八〇年五月

9　ヒュームの死とスミス、アダム・スミスの会一〇五回例会（於　楽友会館）、一九八二年七月一〇日

10　晩年のマルクスとロシア、経済資料協議会（於　関西大）、一九八三年六月二四日

11　社会主義像と思想、経済学史学会関西部会大会第一一九回例会（於　同志社大）、一九九二年六月六日

その他

ロシア研究会（現ロシア・東欧研究会）において一九六一年六月—一九八三年四月の間に計一〇回、方法論研究会において一九七三年九月—一九九七年一一月の間に計一六回、ヴィクトリア朝研究会・イギリス文化の比較史的研究会において一九八七年—八九年に二回（マーシャル）など

講　演

1　『資本論』とロシア、経済学史学会主催「マルクス『資本論』刊行一〇〇年記念講演会」（於　早稲田大）、一九六七年一一月一〇日

2　帝国主義の再検討——ホブスンとレーニン——、甲南大学経済学会講演会、一九七四年五月一六

日
3　アダム・スミスと現代、甲南大学公開講座「イギリス文化——昨日と今日」、一九八七年五月二五日
4　A. Marshall における資源と環境、甲南大学退職記念講演、一九九一年一月九日

学　位

一九六八年（昭四三）三月　京都大学経済学博士（学位請求論文『ロシア経済思想史の研究』）

学会役員

一九六七（昭四二）〜九〇年　経済学史学会幹事
一九八七年四月〜八九年三月　同代表幹事

在外研究

一九七〇年三月—一九七一年三月に文部省在外研究員としてロンドン（LSE）に滞在、ドイツ、オランダ、イタリー、フランス、スイスを歴訪

田中真晴教授著作目録

Ⅰ　著　書

『ロシア経済思想史の研究――プレハーノフとロシア資本主義論史――』、ミネルヴァ書房、一九六七年八月（第四刷、一九七六年七月）

『ウェーバー研究の諸論点』、未来社、二〇〇一年五月

『一経済学史家の回想』、未来社、二〇〇一年六月

Ⅱ　編　著

『自由主義経済思想の比較研究』、名古屋大学出版会、一九九七年一〇月

Ⅲ　共編著

『社会科学の方法と歴史』（行沢健三・平井俊彦・山口和男と共編）、ミネルヴァ書房、一九七八年一〇月

Ⅳ　論　文

1　因果性問題を中心とするウェーバー方法論の研究、『経済論叢』第六三巻第五・六合併号、二〇―五三頁、一九四九年六月。後に、安藤英治・内田芳明・住谷一彦編『マックス・ヴェーバーの思

想像』（新泉社、一九六九年六月）所収

2 『自然の法典』――フランスの社会主義史研究㈠、『経済論叢』第六七巻第二・三合併号、六七―八六頁、一九五一年三月

3 マルクス主義経済学、出口勇蔵編『経済学史』（ミネルヴァ書房、一九五三年一月）所収（第八章）

4 マブリ研究、『経済論叢』第七二巻第五号、一―一四頁、一九五三年一一月

5 レーニンの市場理論について、『経済論叢』第七四巻第五号、一―一八頁、一九五四年一一月

6 ウェーバーの政治的立場、出口勇蔵編『経済学説全集』（河出書房、一九五六年一月）所収（第六巻第七章）

7 ドイツ社会政策学会の農政論とその思想的背景、『経済論叢』第八三巻第三号、一―二二頁、一九五九年三月

8 マックス・ヴェーバーにおける農政論の構造――歴史学派的見解の継承と批判――、『経済論叢』京大経済学部創立四〇周年記念号、三三一―三六六頁、一九五九年五月

9 レーニン帝国主義論、経済セミナー付録『経済学必携著の解明』、一九六〇年五月

10 レーニン、堀経夫編『原典経済学史』上巻第四章第三節所収、一九六一年六月

11 一九世紀末ロシア資本主義論史の研究序説、『経済論叢』第八九巻第一号、二〇―四〇頁、一九六二年一月

12 プレハーノフの資本主義論(1)、『経済論叢』第八九巻第五号、一―一九頁、一九六二年五月

13 プレハーノフの資本主義論(2)、『経済論叢』第九〇巻第四号、四〇―六五頁、一九六二年一〇月

14 プレハーノフの資本主義論(3)、『経済論叢』第九一巻第三号、二六―四八頁、一九六三年三月

15　一八九〇年代ロシア資本主義論の特徴と背景――プレハーノフと一八九〇年代論争(1)――、『経済論叢』第九二巻第五号、一―二〇頁、一九六三年一一月

16　一八九〇年代ロシアの経済思想の動向――ロシア経済思想史の特徴づけに関連して――、『経済論叢』第九四巻第二号、一六―三八頁、一九六四年八月

17　一八九〇年代ロシア資本主義論争における思想と経済学、『経済論叢』第九五巻第一号（静田均教授記念号）、八八―一一二頁、一九六五年一月

18　ロシア資本主義論の展開、内田義彦・小林昇・宮崎義一・宮崎犀一編『経済学史講座Ⅲ　経済学の展開』有斐閣、一九六五年六月）所収（一―三六頁）

19　一八九〇年代論争にあらわれたロシア資本主義論の類型(1)――ナロードニキと合法マルクス主義のばあい――、『経済論叢』第九五巻第六号、一四―三八頁、一九六五年六月

20　一八九〇年代論争にあらわれたロシア資本主義論の類型(2)――トゥガン‐バラノフスキー――、『経済論叢』第九六巻第五号、二九―四五頁、一九六五年一一月

21　プレハーノフの著作集について、『経済論叢』第九七巻第八号、六八―八七頁、一九六六年三月

22　ロシア・マルクス主義の成立、江口朴郎編『ロシア革命の研究』（中央公論社、一九六八年六月）所収（七七―一〇三頁）

23　オーストリア学派、出口勇蔵編『経済学史入門』所収、有斐閣双書、一九六九年一〇月

24　マルクス経済学の現代的展望、出口勇蔵編『経済学史入門』所収、有斐閣双書、一九六九年一〇月

25　レーニン生誕一〇〇年――ロンドン――、『経済学史学会年報』第八号、一九七〇年一一月

26　晩年のマルクス覚え書、『経済論叢』第一〇九巻第一号、一五〇―一六五頁、一九七二年一月

27　ウェーバーのロシア論研究序説、『甲南経済学論集』第一八巻第二号、一一一九頁、一九七七年一一月二五日

28　マックス・ヴェーバーの貨幣論新資料――ヴェーバーのクナップ宛、一九〇六年七月一二日付書簡――、『甲南経済学論集』第一八巻第三号、一九―三七頁、一九七八年二月二五日

29　ヴェーバーの貨幣論、行沢健三・田中真晴・平井俊彦・山口和男編『社会科学の方法と歴史』（ミネルヴァ書房、一九七八年一〇月）所収（二二五―二五〇頁）

30　経済思想史におけるロシア論――共同体の問題を中心として――、『経済学史学会年報』第一九号、一八―三六頁、一九八一年一一月五日（小島修一と共同執筆）

31　ヒュームの死とスミス、『甲南経済学論集』第二二巻第四号、九三―一〇六頁、一九八二年三月。後に、アダム・スミスの会／大河内一男編『続アダム・スミスの味』（東京大学出版会、一九八四年三月）所収

32　貨幣生成の論理、『甲南経済学論集』第二三巻第三号、六三―九四頁、一九八三年一月

33　一八九〇年代初頭の経済学界――イギリス――、『甲南経済学論集』第二五巻第四号、一四三―一六四頁、一九八五年三月

34　A・マーシャルの著作目録（一八七二―一八八九）、『甲南経済学論集』第二九巻第四号、四三―五九頁、一九八九年三月

35　A・マーシャルの著作目録　続（一八九〇―一九二四）、『甲南経済学論集』第三〇巻第二号、七七―一〇八頁、一九八九年九月

36　A・マーシャルの著作目録（一八七二―一九二四）補遺、『甲南経済学論集』第三〇巻第四号、一〇〇―一一五頁、一九九〇年三月

Ⅴ　英文論文

1 The Controversies concerning Russian Capitalism, *Kyoto University Economic Review*, Vol. 36, No. 2, pp. 21-55, 1966. 10
2 The Narodniki and Marx on Russian Capitalism in the 1870's-1880's, *Kyoto University Economic Review*, Vol. 39, No. 2, pp. 1-25, 1969. 10
3 The Logic of the Genesis of Money : A Critical Reinterpretation of Marx's Theory of Value Form, *Konan Journal of Social Sciences*, 1, pp. 1-24, 1988. 3

Ⅵ　追　悼

1 細見英君の追想、『如意』第七号、一四―一七頁、一九七六年七月
2 研究者としての行沢健三さん、『如意』第八・九合併号、二八―三二頁、一九八〇年七月
3 経済学者・中野正先生、中野正先生追悼集委員会編『中野正先生追悼集』（森田企版、一九八六年六月）、六五―七二頁
4 山口和男会員を悼む、『経済学史学会年報』第二四号、一一七頁、一九八六年一一月
5 研究者としての山口和男教授、『甲南経済学論集』第二七巻四号（故山口和男教授追悼記念号）、二四三―二六〇頁、一九八七年三月
6 林治一先生、弔辞、一九八七年一月一一日（『凌想』二九五号、四〇―四一頁）
7 林治一会員を悼む、『経済学史学会年報』第二五号、一九八七年一一月
8 友人からみた増田光吉君、故増田光吉教授追悼学術講演会、一九八八年一二月九日（未刊）

9　同世代人としての佐藤金三郎さん。『追悼・佐藤金三郎』（新評論社、一九八九年四月一五日）、所収（七―八頁）

Ⅶ　小論説・エセー　その他

1　マルクス以後の学史、『経済学史学会関西部会通信』第六号、一頁、一九六一年五月
2　河上肇の経済学史について、『第一七回河上祭』（京大河上祭実行委員会刊）、四頁、一九六三年五月二五日
3　院制のビジョン、『京都大学新聞』第一一七二号、一九六三年一一月四日
4　事件と歴史――ケネディ暗殺に思う――、『京都大学新聞』第一一七六号、一九六三年一二月二日
5　親と病気と家族、『京都大学新聞』第一一八二号、一九六四年一月二七日
6　革命と思想、『ロシア史研究』（ロシア史研究会刊）、Vol. VI, No. 1-2、一―二頁（巻頭言）、一九六五年一一月
7　マルクス主義研究のある側面、『思想の歴史』月報九（平凡社刊）、一―三頁、一九六五年一二月一〇日
8　競争の心得、『大将軍』（PTA誌）第二号、一九六七年一二月一五日
9　『道徳感情論』における「やさしさ」と「つよさ」、『如意』出口勇蔵教授ゼミOB誌、第六号、一五―二二頁、一九七五年九月
10　謡曲十八年生の感想、『金剛』三四巻一号、一九七九年一月
11　病気と「同感」、『健康』、一九八〇年一一月

12 カントから、やがてスミスへ、『経済セミナー』一九八三年五月号、八〇頁
13 韓国の大学管見、『学園だより』（甲南大学）、一九八四年一一月一二日
14 献辞、『甲南経済学論集』第二五巻第四号（杉原四郎教授退職記念号）、（頁付なし）、一九八五年三月
15 研究会の回想と保田孝一さん、『木鐸』No. 31、一九八五年
16 技術と鑑賞、『金剛会だより』、一九八六年九月一日
17 故山口和男教授　略歴・著作目録、『甲南経済学論集』第二七巻四号（故山口和男教授追悼記念号）、五―一一頁、一九八七年三月
18 ロシア研究会のはじめのころ、『ロシア・東欧研究会の二五年』（ロシア・東欧研究会事務局刊）、一一―一二頁、一九八七年三月
19 ヴィクトリア時代の経済学者アルフレッド・マーシャル、『Book World』、一九八七年七月
20 篠山観能行の記、『金剛会だより』、一九八八年七月一日
21 辞任の弁と現在、『京大史記』（京都大学、一九八八年八月）、三六六頁
22 私の学生時代、『人が語る経済学部の七十年』（京大経済学部、一九八九年五月）、八三―八六頁
23 新春随想―戦中末期学生の「余生」、歌誌『朝霧』三八巻一号、一九九〇年一月
24 東欧の激動と思想責任、『Gakuseibu Dayori』（甲南大学）、一九九〇年一一月一日
25 福地山移転問題とアメリカ観、『京都大学経済学部八十年史』、一九九九年一〇月一日

Ⅷ　翻　訳

1 M・ドッブ『資本主義発展の研究』（第五章資本蓄積と重商主義）、岩波書店、一九五四年八月

2　マックス・ウェーバー『国民国家と経済政策』（社会科学ゼミナール22）、未来社、一九五九年五月、一二八頁（「解説」八一―一二六頁）後に、ヴェーバー『政治・社会論集』、河出書房新社（世界の大思想23）、一九六五年六月、に収録

3　F・A・ハイエク『市場・知識・自由――自由主義の経済思想――』、ミネルヴァ書房、一九八六年一一月、（第一〇刷、二〇〇〇年七月）二九〇＋八頁（田中秀夫と共訳）「解説」二五六―二九〇頁

Ⅸ　書　評

1　カール・レヴキット『マックス・ウェーバーとカール・マルクス』、『経済論叢』第六二巻第五号、四二―五四頁、一九四八年一一月

2　杉原四郎『ミルとマルクス』、『学園新聞』八八三号、一九五七年四月二九日

3　内田義彦編『古典経済学研究』上巻、『商学論集』第二六巻第三号、二〇五―二一七頁、一九五七年一二月

4　ルフェーブル『レーニン』（大崎平八郎訳）、『京都大学新聞』第一六六六号、一九六三年九月二三日

5　山之内靖『マルクス・エンゲルスの世界史像』・折原浩『大学の頽廃の淵にて』・平田清明『市民社会と社会主義』、『日本読書新聞』、一九六九年一二月二二日

6　「マルクス・コメンタール」Ⅰ、Ⅱ（『現代の理論』編集部編）、『エコノミスト』、一九七二年九月一九日

7　和田春樹『マルクス・エンゲルスと革命ロシア』、『朝日新聞』、一九七五年三月一七日

8 和田春樹『マルクス・エンゲルスと革命ロシア』、『現代の眼』第一六巻第五号、一七四―一七七頁、一九七五年五月
9 『ロシア資本主義論争』の訳業を読む、『ミネルヴァ通信』九三号、一九七五年一一月
10 A・ヴァリツキ『ロシア資本主義論争』(日南田静真他訳)、『日本読書新聞』、一九七五年一〇月二七日
11 木崎喜代治『フランス政治経済学の生成』、『日本読書新聞』、一九七六年七月一二日
12 D・マクレラン『マルクス伝』(重田晃一他訳)、ミネルヴァ書房、同書栞、一―三頁、一九七六年一一月
13 S・H・バロン『プレハーノフ――ロシア・マルクス主義の父』、『日本読書新聞』、一九七九年二月五日
14 杉原四郎・一海知義『河上肇――学問と詩』、『サンデー毎日』、一九七九年一二月三〇日
15 省部幸隆『レーニンのロシア革命像』、『社会思想史研究』五号、二〇八―二一〇頁、一九八一年九月三一日
16 淡路憲治『西欧革命とマルクス、エンゲルス』、『岡山大学経済学会雑誌』第一四巻第一号、一八一―一九三頁、一九八二年六月
17 杉山忠平編『自由貿易と保護主義』、『経済研究』第三八巻第二号、一七八―一八〇頁、一九八七年四月

『みすず』一九六九―九八年の一月号に毎号四―五点の年間読書短評

田中真晴（たなか・まさはる）
1925年生まれ。2000年逝去。京都大学経済学部，同大学院で学び，京都大学講師，助教授をへて，京都大学教授，甲南大学教授，龍谷大学教授を歴任。
元経済学史学会代表幹事，経済学博士。
著書 『ロシア経済思想史の研究』（ミネルヴァ書房）。
『ウェーバー研究の諸論点』（未來社）
『自由主義経済思想の比較研究』（編著，名古屋大学出版会）。
『社会科学の方法と歴史』（共編著，ミネルヴァ書房）。
翻訳 ウェーバー『国民国家と経済政策』（未來社）。
ハイエク『市場・知識・自由』（共訳，ミネルヴァ書房）
その他。

一経済学史家の回想

2001年6月21日 初版第1刷発行

定価（本体2800円＋税）

発行者 西 谷 能 英

発行所 株式会社 未 來 社
〒112-0002 東京都文京区小石川3-7-2
電話03（3814）5521（代）振替00170-3-87385

本文・装本印刷＝精興社／製本＝富士製本
http://www.miraisha.co.jp/ Email: info@miraisha.co.jp
ISBN4-624-32165-0 C0033